真跡與風度

與

字畫裡的
21 個有趣靈魂

譖小語 —— 著

那些曾經風光無限的才子們
在歷經世態炎涼及血淚辛酸後
還能提起筆來揮灑人生
正因如此，才有了這些舉世無雙的藝術

✱ 天下第一行書創作者──書聖王羲之
✱ 看過地獄回來的謫居罪臣──大文豪蘇軾
✱ 一顆自由又有趣的靈魂──揚州八怪之首金農
✱ 開創了一條與西方藝術迥然不同的偉大道路──元人冠冕趙孟頫

目錄

目錄

序

　　在經歷了艱難曲折的歷史進程之後，進入二十一世紀以來的中國，正漸漸走回到世界舞臺的中心。面向未來的同時，我們還應該熟稔我們的過去。《詩經》：「周雖舊邦，其命維新」，在古老文化基因中尋找民族復興的力量之源，是我們這一代國人的使命。在科技日新月異的今天，許多古老的文化遺存固然不能直接轉化為生產力，但文化是我們的基因，是我們的魂魄，是我們的精神，是我們的信仰，是我們的軟實力，因此我們應當好好地去學習和傳承。

　　「中國文化博大精深」，這是我們常常掛在嘴邊的一句話，可具體說是怎麼博大精深的呢？似乎又一言難盡。擁有幾千年歷史的中華文明，當然是包羅萬象的，那我們要從哪說起呢？我覺得，離我們最近的就是藝術和文學，而在藝術當中書法和繪畫無疑是最具代表性的。我從小喜歡書畫藝術，大學又念了中文系，所以常常在藝術和文學兩個領域讀到同一個人，於是這些文化名家在我心中立刻就形象豐滿且生動起來，我也因此感覺距離先賢和古老的文化更近了。

　　多年來，我在中國平均每年打卡十餘座博物館、藝術館、美術館，每年走進相關場館幾十次。這期間，我最大的

感受就是，同一首詩、一篇文章，鉛印的和手寫的帶給我們的感覺是完全不一樣的；同一幅書畫作品，在書刊、電子螢幕上看和在現場親眼看，感覺也是完全不一樣的；同樣一個人，讀他的詩文和看他的藝術作品也會有完全不同的收穫。這也是我熱衷於走進博物館的原因和動力。

遊覽博物館、欣賞這些名家作品時，我積累了一些觀博手記，為了讀懂這些作品和作品背後那些人物，我又查閱研讀了大量資料，最後形成了這本小書。本書以挖掘中國傳統文化精髓為線索，選取從晉到清較有代表性的二十一位文化名家，撰述他們醉心文墨的故事和人生精彩瞬間。這些人都是在中國古代歷史上擁有舉足輕重地位的大家，他們的影響遍及政治、文學、藝術、思想等多個領域，了解他們就是了解我們的過去，了解我們文化的來路。我希望讀者朋友們跟著我一起走進博物館，以真跡、文物為依託，從一件件作品的小角度切入，以大文化的視野放眼看去，探索那方奇美與浪漫的天地。

本書的文章不是傳統嚴肅的文學解讀或藝術評論，而是在專業研究的基礎上用通俗的語言表達出來。我在多個學術組織有兼職，了解學術研究的基本規範，但我深知大眾不熟悉學術語言，而我想做的就是向這部分讀者群體講述歷史上我們這些文化菁英的故事。所以，我在寫作中力求語言平實通俗，盡可能以學術研究的嚴謹精神和生動有趣的文筆共同

完成這樣的寫作。

　　在博物、文學、書法、繪畫的交叉空間，我還想強調一些非常有意義但卻長期被忽視或始終理不清的問題。如中國書法與中國繪畫的關係，具體說畫畫得好但字不好的情況是否存在？中國畫就是重寫意而不講透視、比例嗎？重現真跡樣貌可能嗎？如果不可能為什麼還要看真跡還要臨摹呢？這些問題乍聽起來似乎都是不言自明的常識，可是一較真就會發現這裡面有許多學問。甚至我身邊還有太多的文科高學歷人群至今不太了解什麼是書法、什麼是中國畫，更不用說其他普通人了，這是非常令人憂慮的事情。所以我特別希望這些朋友能夠坐下來，聽我講講這些關於書法繪畫的有趣故事。

　　在多重視角的聚焦下，很多問題漸次突顯，它們的確是有趣的，類似破案一樣的探軼過程既耐人尋味又有助於我們理解這些作品的審美指向，理解這些文化大師們的精神世界，乃至我們的千年文脈。如蘇轍〈題靈岩寺〉詩碑，該詩在文學史上很少被提及，蘇轍的詩文比這更好的有很多；此碑在書法史上情況類似，鮮有書法專業人士去研究這塊碑，因為蘇轍在書家輩出的宋朝算不上書法名家；在文博界，這算是蘇轍留下的為數不多的書跡之一，可是大家又從不深究詩碑內容和相關細節。實際上，該詩碑背後大有文章，一系列謎題正待破解，而類似的情況在古代字畫中非常之多。

序

在對這些作品和人物的解說過程裡，又牽帶出許多奇妙的文化現象。例如：韓愈的姪子韓湘如何成了八仙之一韓湘子的原型；柳宗元的五氏叔祖的女兒就是被武則天扳倒的王皇后；曾鞏的第一身分是政法工作者，做過司法官，也曾打造「警民治安聯防體系」；真實的王冕並不是完全靠自學成才的窮小子，也不只是畫家，實際上他與多位當世名家多有交流學習，等等。這些問題我們從單一的文本裡、在獨立的學科視角下，都難以獲得全貌，每一件作品、每一位文化人物其實都可以在我們這樣的多角度、全方位觀察下「活」起來。

古代這些賢士智者給我們留下的不僅是文學、藝術和思想上的財富，他們還在治學、從藝、為官、做人等方面給我們帶來了深刻的啟迪，所以讀懂他們不僅僅是某個專業上的事情，更是今天每個人的必修課。例如：張旭作為草聖讓我們覺得他天縱癲狂、不拘禮法，而其罕見的楷書竟然寫得極為規矩且靜美無比，這說明基礎的重要性；黃庭堅詩文雅緻，書法墨跡中的他卻超乎想像地無厘頭，他的藝術創作告訴我們如何做一個快樂的人；蘇東坡少年得志後屢遭打擊，卻能笑看人生泰然處之，他的筆下都是生活的智慧……透過這些墨跡碑刻，我們看到的是遠去的大師背影和斯人風度。

書中也提出了一些不同既往通說的文藝觀點，我希望能夠突顯一種思辨性審美思維方式。如常見鑑賞資料對歐陽

修〈秋聲賦〉、王安石〈鐘山即事〉的誤讀。儘管這可能還是我的個人見解，但不容否認的是，長期以來，忽視個人經歷、學養與時代大背景，只從字面理解詩文的現象非常普遍，複製貼上死記硬背遠遠多於用心品讀，這些痼疾不利於傳統文化精髓的挖掘與傳播。誠然，書中的一些觀點也未必完全正確，但是我樂於進行這樣的觀覽與思考，如果進而能夠引起大家對這些問題的注意，拋磚引玉也是好的。

我一向認為，單一的學科知識並不能說透複雜的文化現象。本書這些文章寫作的大背景其實是一種通識認知，打破文學和繪畫、書法的界限，將文學、藝術、歷史、政治、思想等領域的基本知識融會貫通，在此基礎上才能闡幽發微。我相信這是我們走近那些偉大經典的一種路徑，也是我們理解諸多文化問題進而獲得生命啟迪的一種方法。

1600 多年前那個上巳節的狂歡與落寞

——〈蘭亭集序〉與王羲之

王羲之（303 年～ 361 年），字逸少，號澹齋，
原籍琅琊臨沂（今屬山東），後遷居山陰（今浙江紹興），
中國古代偉大的書法家，有「書聖」之稱。

西元 353 年的農曆三月初三，一幫文人借著過上巳節的名義在山腳下小河邊搞了個沙龍。祭祀祈福、洗濯去垢之後，大家沿著蜿蜒曲折的溪水席地而坐，載著酒壺的葉子順水漂流，停駐在誰的面前就必須即興吟詩一首，吟不出則罰酒一杯。那天參加藝術沙龍的有四十餘人，都是當時的文士名流。於是當天產生了數十首詩，而且現場即揮墨結集。大家又一致推舉一個叫王逸少的為詩集作序，王逸少酒至微醺，欣然提筆。小序片刻寫就，名曰〈臨河序〉。

大家爭相傳閱，但見文采斐然，字跡粲然，個別勾抹塗改之處恰恰體現了真實的現場感，自然生動，熠熠生輝，「天下第一行書」就這樣誕生了。因為聚會地點在會稽山陰之蘭亭，所以這件作品又名〈蘭亭集序〉，簡稱〈蘭亭序〉或〈蘭亭〉。

那一年，正是東晉永和九年。王逸少，名羲之。

馮承素摹〈蘭亭集序〉（即「神龍本」），北京故宮博物院藏

作為藝術的書法誕生了

從思想內容上說，〈蘭亭序〉所表達的不只是王羲之一個人的感受，而是當時的知識分子菁英群體的一種人生觀、宇宙觀。當他們於「天朗氣清，惠風和暢」之際，在「崇山峻嶺，茂林修竹」之中，或「仰觀宇宙」，或「俯察品類」，想到的是人和大自然到底是什麼關係，思索的是人生的憂患與虛妄從何而來又如何祛之。後世認為〈蘭亭序〉是「天下第一行書」，不僅指這是寫的最好的行書，王羲之同時也是行書的真正締造者，是「行書第一人」，所以他的代表作便是當之無愧的「天下第一行書」。在〈蘭亭序〉中二十個「之」字各個不同，王羲之使書法的線條達到了空前的豐富程度，書法作品從此可以表達更為豐富的情緒、精神和思想。而以王羲之為首的文人士大夫所推崇的「藝術沙龍」，無疑使書法更大限度地從實用功能中分離出審美功能，書法不僅是書寫文字的方式，還是藝術欣賞的對象。

鼠鬚筆落在絲蠶紙上形成的字、文，因為被注入了情緒、精神和思想，而產生了不同凡響的審美意蘊和文化價值。書法因此甚至又進一步超出了藝術文本的範疇，而成為人的精神活動、生命意識的外顯，成為一代人乃至一個時代的精神面貌的表徵。透過〈蘭亭序〉，我們看到的是一批藝術家的生動形象，看到的是亂世下的晉人風度和迷局中的名

士風流。這些,在王羲之以前,在〈蘭亭序〉以前,並不曾有。

自漢入晉,造紙術的不斷進步極大方便了漢字的書寫。書寫載體從竹木簡帛過渡到紙以後,書法技藝出現了革命性的飛躍。自東漢末年至魏晉時期,不僅在秦篆漢隸的基礎上行草楷各體都已經產生,而且漢字書寫的藝術性得到空前提升。

在魏晉時代,出現了一個有趣的現象,文人書家常常私下舉辦「藝術沙龍」,名之曰「雅集」。「藝術沙龍」在那個時代產生,還有兩個外部原因,一個是戰爭連年,政局動盪,知識分子命途多舛,於是他們抱團取暖排遣憂慮;另一個,由於佛教傳入和黃老之學的興盛,在西漢被確立為正統的儒家思想受到巨大衝擊,文人士大夫對人生宇宙的探索開始轉向玄學,清談成為一種時尚。於是,他們經常聚在一起對酒而歌、吟詩弄墨,將他們的悲歡憂懼訴諸筆端。這種藝術沙龍的出現意義極為重大,它為中國古代藝術史和文化史打造了最生動的樣本。書寫材料的變化、漢字字體的完備促使書寫活動更加頻繁,大家找個由頭聚在一起談人生、聊藝術,探討如何把新的字體寫在新的紙張上才能更漂亮,也就不難理解了。所以後世如此推崇〈蘭亭序〉一點都不奇怪。

理解了這一點就可以斷言,有今人以為書法只是用筆的技術、線條的藝術,是有些荒謬的。拋開文化背景談書法,

就只剩技巧了。線條、墨跡誠然是書法藝術的一部分，但遠不是書法的全部。

你可以認為書法在晉唐之後開始退步

王羲之及其〈蘭亭序〉的第一個著名粉絲是梁武帝蕭衍，他命人在王羲之書法作品中拓一千個不重複的字，然後對臣下周興嗣說：「卿有才思，為我韻之。」唐李綽所撰《尚書故實》記載：「興嗣一夕編綴進上，鬢髮皆白。」中國古代著名蒙學課本四言韻語〈千字文〉就是這樣誕生的。後來許多著名書法家都抄寫過〈千字文〉，為我們留下了一組寶貴的同題藝術標本。

王羲之另一個超級大粉絲是唐太宗李世民，他對王羲之的喜愛甚至遠遠超出了梁武帝。這可能既是〈蘭亭序〉的幸運，也是〈蘭亭序〉的不幸。那些圍繞唐太宗和〈蘭亭序〉演繹出來的各種傳說可能永遠無法考證真偽了，但卻足以說明書法藝術的魅力有多大。而且那些傳說又衍生出許多藝術品來。閻立本將李世民得〈蘭亭〉這個橋段用繪畫的方式表現出來，名為〈蕭翼賺蘭亭〉。真跡當然亦不復見，存世有宋人摹本三件，分藏北京故宮博物院、遼寧省博物館和臺北故宮博物院，北京故宮藏本相對較簡略。在遼博和臺博的版本中，有僕從烹茶的情景，據說這是中國最早的如此細緻表現烹茶的繪畫作品。風爐、茶鐺、茶碾、茶罐、茶碗一應俱

全，老少二僕分工協作，茶香嫋嫋，幾欲溢出紙上，也讓那段真假難辨的故事平添一抹迷離與玄幻。

宋摹閻立本〈蕭翼賺蘭亭〉，遼寧省博物館藏

拋開傳說附會不論，李世民對「書聖」的推崇無疑是功在千秋的，他多次命人臨摹〈蘭亭序〉等王羲之作品，這也使得我們今天得以管窺書聖巔峰時期的神采。我們現在所看到的〈蘭亭〉分為墨本和刻本。墨本又分為摹本和寫本。摹本是採用雙勾填墨的方法複製原帖，藝術和技術要求都非常嚴格。唐太宗曾命皇家職業搨書人馮承素、趙模、諸葛貞、韓道政、湯普徹等人摹搨〈蘭亭〉若干，分賜皇子和王公大臣。而另外一些當時的文人書家如歐陽詢、虞世南、褚遂良等則曾對〈蘭亭〉進行臨寫，即寫本、臨本。我們談西方繪畫時，說臨摹大概就是「臨摹」了，但我們討論中國古代書畫時，臨摹指的是「臨」和「摹」，臨是臨，摹是摹，完全不一樣。

墨本體系中影響最大的便是馮承素摹本，因鈐有唐中宗神龍年號小印，故世稱「神龍本」。另外，還有很多傳世

的〈蘭亭〉屬於刻本一系。所謂刻本就是對法帖刻石進行搥拓，也就是說，先有人將〈蘭亭〉刻在了碑版之上，然後又拓印下來，得到可以保存流傳的刻本。如果碑刻的樣本就是王羲之親筆墨跡，那麼其刻本在理論上應當非常接近原作。然而，即便是最為著名的北宋時於河北定武發現的刻本即「定武蘭亭」，也尚不能斷定刻自王氏真跡，很多人認為其底本是歐陽詢的臨寫件。另外比較著名的刻本便是「開皇蘭亭」系列版本，其中的一件代表便是遼寧省博物館珍藏的北宋〈蘭亭集序拓本〉（卷），即隋刻宋拓本「開皇蘭亭」。

隋刻宋拓本〈開皇蘭亭〉，遼寧省博物館珍藏

我先後於 2014 年春「清宮遺珍──『天祿琳琅』、《石渠寶笈》典籍書畫展」和 2018 年夏中國古代書法展（第一期）兩次親見該刻本。在我印象裡，這件作品好像至今也就公開展出過這兩次。董其昌在拓本跋文中寫出了自己看到這幅作品時的激動，認為它簡直在跟當年騙取〈蘭亭序〉真跡的蕭翼，以及死守真跡的智果、辨才等人作對。隋刻宋拓本「開皇蘭亭」的意義在於，它改寫了〈蘭亭序〉是由唐太宗

命人臨摹而傳世的書法史。也就是說，王羲之的流行不完全是唐太宗或帶有政治目的的力推，在他之前〈蘭亭〉很可能就已經是「爆品」了。「開皇蘭亭」曾經受到廣泛質疑，被認為是後人偽作，但經學者考證，其實至少在宋代便有了關於「開皇蘭亭」的確切記載。[1]

　　書聖和他的朋友們遠去了。梁武帝和唐太宗遠去了。晉唐以降，談書學書者無人能繞開「二王」——王羲之和他的兒子王獻之。然而，所有對書聖以及他所代表的中國書法藝術巔峰的追慕、揣摩和師法顯然都無法得其全貌。所以如果單從傳統書法藝術的視角著眼，你說書法在晉唐之後開始退步，也不無道理。只不過，傳統在不斷失落的同時，創新也在不斷出現。

一種人與自己和宇宙對話的方式

　　在〈蘭亭序〉中，王羲之首先為我們描繪了雅集的環境：天朗氣清，惠風和暢；崇山峻嶺，茂林修竹；群賢畢至，少長咸集；流觴曲水，暢敘幽情。浪漫、詩意的背景鋪陳完畢，他說「仰觀宇宙之大，俯察品類之盛，所以遊目騁懷，足以極視聽之娛，信可樂也。」宇宙萬物，皆在眼底胸中，享盡視聽之盛宴，實在歡樂。然而，狂歡之後，藝術家旋即

1　參見郭丹《蘭亭序開皇本流傳考及相關問題》，碩士學位論文，吉林大學考古學及博物館學專業，2008 年。

落寞了。接下來王羲之轉折道：「向之所欣，俯仰之間，已為陳跡，猶不能不以之興懷。況修短隨化，終期於盡。」曾經一直喜歡的東西，轉瞬間化為舊跡，對此我們尚且不能不因此心生感喟，況且壽命長短聽憑造化最後終究要歸於寂滅呢！話到此處，不能不讓人陡生悲涼。人生無常，那我們應該怎麼辦呢？

對此，王羲之說：「固知一死生為虛誕，齊彭殤為妄作。」所以死和生，長壽和短命，都是不可能等同劃一的。顯然，作者此處的言外之意是，既然生命的消逝無法避免且令人唏噓動容，那麼生死之間的過程體驗才是我們應該重視和在意的。魏晉時期，由於受到戰爭與政治的打擊摧殘，許多讀書人傾向於談玄和歸隱，甚至墮入更為極端的虛無主義黑洞，這篇文章則突顯了王羲之作為堅定的儒家信徒的積極入世情懷。最後兩句更加耐人尋味：「故列敘時人，錄其所述，雖世殊事異，所以興懷，其致一也。後之覽者，亦將有感於斯文。」縱使時代變了，縱使世道變了，人們為之動情的東西亦不會變，大家的思想情感是一樣的。後世的讀者朋友，你們，也將對這次集會的詩文，對我這篇序，有所感慨吧！

明祝允明書〈蘭亭序〉文徵明補圖卷，遼寧省博物館藏

　　蘭亭之會留給後人的，當然不只是一部詩集和一幅中國書法的巔峰之作，它還讓更多人記住了永和九年三月初三那一天，記住了那樣一種生活方式，記住了那樣一種人與自己、人和宇宙對話的方式。因此，後世文人士大夫不斷地以各種方式向王羲之、蘭亭雅集以及〈蘭亭序〉致敬。

　　宋人動輒藏〈蘭亭〉上百種乃至數百種，甚至連誤國權奸賈似道都號稱收藏〈蘭亭〉八百種之多。元初書畫領袖趙孟頫臨過〈蘭亭〉，內府以官方名義重刻「定武蘭亭」。明清時期，文徵明、董其昌、三希堂、成親王等都曾刻印〈蘭亭〉。遼寧省博物館藏有一件明代祝允明書〈蘭亭序〉文徵明補圖卷，因為集合了祝允明的字和文徵明的畫，被稱為「雙璧蘭亭」，極為珍貴。祝氏書法寬博雄放，尤具自家風

神；文氏補圖設色雅麗，筆墨嫻熟。卷後有文徵明自題及清王澍跋，《石渠寶笈續編》著錄。該作品最近一次與蘭亭迷們見面，是在2018年夏遼博舉辦的「中國古代繪畫展」中。

雅集這樣一種文化生存樣態從此深入人心，宋代有西園雅集，元代有玉山雅集、明代有杏園雅集，等等。可以說中國古代文人士大夫用他們對人生、社會、自然和宇宙的獨特理解和特有的方式，為我們留下了寶貴的精神財富與文化遺產。

或許，古典的雅集在今天已經失去了存在的條件。比如作為雅集的承載地，園林的建造在今天已經幾乎成為不可能，因為造園者和造園地這兩個基礎條件不存在了。造園者就是士人階層，今日中國，只有形式上的知識分子階層而無傳承傳統文化的士人階層；造園地，就是私有土地，園林建造不同於政府建公園，「私」和「公」是兩者的本質區別。更為重要的是，園林作為一種文化的存在，其所依附的傳統業已斷裂並消失。智慧時代的人類對於過往的儀式與遊藝已經沒有興趣，即便今天我們可以走進滄浪亭，走進拙政園，那也早已不是當初的滄浪亭與拙政園。當初的園子是活的，是生命樂章的演奏；現今的園子是死的，是遊客拍照的背景。

傳南宋劉松年〈西園雅集圖〉（局部），臺北故宮博物院藏

清石濤〈西園雅集圖〉（局部），上海博物館藏

學〈蘭亭〉到底應該學什麼

今人學書，言必稱「蘭亭」，那麼學〈蘭亭〉到底應該學什麼呢？是反覆臨摹，直到寫得和原帖一模一樣嗎？我覺得，不是。你是和哪個帖一模一樣？哪個又是原帖？是虞世南、馮承素還是褚遂良？是「定武」還是「開皇」？顯然都是，又都不是。即便書聖真跡重見天日，你寫的和這個真跡看起來一模一樣就對了嗎？或者再退一步說，即便一模一樣了，有用嗎？電腦上一個命令就可以把檔裡的字轉化成書聖體，比你手寫快多了。如果你說那不是藝術，可你寫的和真跡一模一樣就是藝術了嗎？

齊白石說，「學我者生，似我者死」。因為藝術就不應該是原樣複製。那藝術是什麼呢？書法又是什麼呢？無論何種藝術，它首先是一種表達，一種有欲望、有衝動的自我表達。這種表達使用的是一套獨特的語言體系，這一體系在蘊藉於博大深厚的文化土壤裡。如果連最起碼的表達欲望都沒有，再怎麼機械臨帖也是寫字匠，談不上書法；但這不是說可以不臨古，如果下不得鑽進碑帖卷籍埋頭研究的功夫，再怎麼寫也是不得要領的門外漢；同時，不深入了解古人和他們的時代，也不可能讀懂那些經典作品，至多得個形似。

那我們還要不要學王羲之、學「蘭亭」、學古人？

要，當然要！如上所述，形似沒太大意義，藝術無法再

生，雅集不可復刻，園林難以再造。儘管如此，但書法作為世界罕有的傳承數千年依然不朽的文化藝術樣式，裡面隱藏著幾千年來推動中國人不斷向前邁進的文明基因；同時，那些和雅集密切相關的一系列文化活動，如園林、詩文、繪畫、飲食等諸多形式的集中呈現，亦得以讓我們窺見古人的生存狀態和精神世界。透過這種窺見，我們可以無限接近那一件件偉大的作品和一個個有趣的靈魂，我們可以藉此去探索在當下的時代如何進行書法乃至傳統藝術的創作與傳統文化的賡續，進而喚醒我們一部分沉睡著的基因片段，重塑我們新的文化之魄；另一方面，魏晉是中國人歷史上的一個智慧大爆炸時代，那時的智者在自然與藝術之間找到了一個絕佳的平衡點，「蘭亭」裡凝結著他們的宇宙觀和人生觀，這至少還啟迪著今天的中國人去思考，生命的意義究竟何在，如何才能活得更快樂，更有意思，更有味道。

鐵畫銀鉤，出乎生死間

——〈仲尼夢奠帖〉與歐陽詢

歐陽詢（557年～641年），字信本，

生於衡州（今湖南衡陽），官至太子率更令、弘文館學士，

冊封渤海縣男，主持編撰《藝文類聚》，

唐朝著名書法家、書法理論家，「初唐四大家」之一。

　　西元前 479 年春天的一個早上，泗水河畔一位相貌奇異的古稀老者起床了。穿好衣服，走出房門，哦，天氣還有點涼呢！他背手拖著拐杖在院子裡散步，步法很銷魂。他清清嗓子朗聲唱到：「泰山其頹乎？梁木其壞乎？哲人其萎乎？」唱完就進屋了，對著門坐下來，聽時光流逝的聲音……這首歌就是他作為知名唱作人的原創代表作《曳杖歌》，而歌者名叫孔丘，字仲尼，江湖人稱孔子。

國寶裡的一首音樂人訣別歌

清《孔子世家圖冊》之〈夢奠兩楹〉，中國國家博物館藏

孔子曳杖而歌的軼事見於《禮記・檀弓上》。那孔子唱完到底有沒有人聞聲而來呢？有！誰呀？子貢。子貢一聽，不對啊！老師說泰山要塌了，那我仰望什麼呢？房梁斷裂了、哲人倒下了，那我還有什麼可依靠呢？老師莫不是出啥事兒了吧？於是快步走進孔子的房間，剛落腳孔子就喊著子貢的名說：「阿賜你咋才來呢！……俺昨晚夢見自己坐在兩楹之間接受祭奠。唉！現今天下沒有明主，活著沒啥意思，恐怕我就要死啦！」七天後，一代儒聖駕鶴西去，享年七十二歲。

　　說實話，從前我沒有讀過《禮記》，最早知道這個事兒是在唐人的手稿裡看到的。古人對這部手稿字跡的評價是：若武庫矛戟，猛銳長驅；如草裡蛇驚，雲間電發；似孤峰崛起，殆不可攀。[1] 這幅字就是遼寧省博物館所藏〈仲尼夢奠帖〉，作者叫歐陽詢。作為 20 世紀中葉國家公布的第一批禁止出境展出的珍稀文物，〈仲尼夢奠帖〉是「國寶中的國寶」，也是歐陽詢存世唯二真跡之一。

1　見於唐張懷瓘著《書斷》及宋趙佶主編《宣和書譜》

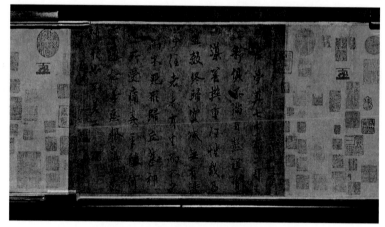

唐歐陽詢〈仲尼夢奠帖〉，遼寧省博物館藏

　　流傳至今的歐陽詢名下墨跡只有四件，即北京故宮博物院藏〈卜商帖〉和〈張翰帖〉，以及遼寧省博物館藏〈仲尼夢奠帖〉和〈行書千字文〉。而前兩者經研究論證係與真跡極為接近的唐人勾填本，後兩者公認是真跡。2019 年 10月，歐陽詢存世二真跡正在遼寧省博物館「又見大唐」書畫文物展中同時展出，十分難得。由於近水樓臺之故，這兩件作品我已經看過多次。〈仲尼夢奠帖〉因未見於唐代著錄，也引起一些關於其真偽的猜疑，但是從元代趙孟頫到今人楊仁愷，都認定其為真跡無疑，對此我相信這兩位大家的判斷。

　　〈仲尼夢奠帖〉的內容充滿關於生命哲學的反思與詰問──世上哪有什麼長生不老，所有生命的終點都是「如秋葉

般靜美」——形歸丘墓、神還所受，那在這個過程中還有什麼不能放下的呢？更何況，善惡是非終有果報，一切都是最好的安排。毫不諱言地說，〈仲尼夢奠帖〉是我最喜愛的古代法帖，文和字都好。歐陽詢的字，總能讓人耳目一新，看到無窮的創造力。他每每在不該落筆處落筆，而後又讓你覺得特別舒服，如同意外的驚喜，用他自己的話說就是「行行眩目，字字驚心」。歐陽詢在這篇〈用筆論〉中還談到書法用筆的精要：「徘徊俯仰，容與風流，剛則鐵畫，媚若銀鉤。」「鐵畫銀鉤」從此成為書法的一種審美意象，代表剛柔相濟的藝術風格。

在無人不在追慕「二王」的初唐，歐陽詢能夠不落窠臼，獨樹一幟，除了勤學苦練，絕對還需要非凡的勇氣、過人天賦和不可言說的閱歷，三者缺一不可。

歐陽詢原本出生在一個世代為官的貴族家庭，但 13 歲那年突遭變故，在政治鬥爭中被滿門被殺，他僥倖逃命，成為孤兒。如此巨大的苦難沒能將少年歐陽詢打倒，相反，在養父江總的悉心關照下，一路披荊斬棘，幾次大難不死，終成大器。隋時他官至太常博士，唐時則拜為太子率更令、弘文館學士，冊封渤海縣男。然而官位與其業績和成就相比，則不值一提。作為大學者、文史專家、書法家，歐陽詢，曾主持編纂《藝文類聚》一百卷，修撰歷史典籍《魏書》、《陳書》兩部，傳世墨跡〈夢奠帖〉、〈千字文〉更是無價之寶。

歐陽詢的書名在當世就已經遠播海外，高麗派使節專程到長安，向唐高祖求賜歐陽詢墨寶。歐陽詢的日本擁蠆曾在一年之內，到醴泉拓印其碑刻〈九成宮醴泉銘〉200 次之多。據說今天的九成宮原碑儘管還在，但已經殘破不堪，除去風雨侵蝕的因素和反覆捶搨的消損，還有大量人為惡意破壞的痕跡，實在令人扼腕！遼寧省博物館在 2021 年末舉辦的跨年展「墨影鐫英──遼寧省博物館藏金石拓本展」中，〈九成宮醴泉銘〉的南宋拓本冊頁赫然在列，引來許多觀眾的駐足。另外，北京故宮博物院還藏有〈九成宮醴泉銘〉的北宋拓本。

唐歐陽詢〈九成宮醴泉銘〉南宋拓本冊頁，遼寧省博物館藏

唐歐陽詢〈九成宮醴泉銘〉拓片全貌

　　現在我們再回過頭來細品歐陽詢的「鐵畫銀鉤」論：「徘徊俯仰，容與風流，剛則鐵畫，媚若銀鉤。」需要表現力量的時候堅硬似鐵，需要平和淡然的時候柔如銀鉤，最後達到從容瀟灑的風流之境，難道這只是書法嗎？這背後不是一次次在生死之間的奔突穿梭嗎？

他和前輩一樣骨骼清奇相貌非凡

　　傳說孔子長得有點醜。《荀子・非相》說：「仲尼之狀，面如蒙倛。」「蒙倛」，當時用於出喪和驅鬼的儺舞面具，披頭散髮，形象凶惡。司馬遷乾脆認為孔子腦袋天生畸型，在《史記・孔子世家》中說他「生而首上圩頂」所以才名「丘」。2020 年我在國家博物館《高山景行──孔子文化展》上見到了孔子博物館藏明人所繪〈孔子燕居像〉，儘管談不上英俊，但也沒那麼恐怖，大概是「腹有詩書氣自華」的緣故吧！歐陽詢的相貌和孔子有得一拼，都堪稱奇異一族。《新唐書》裡形容歐陽用的詞是「寢傴」，用東北話說就是「賊磕磣」，以至長孫無忌曾經諷刺歐陽詢像猴子。

　　唐代元和年間江都主簿劉肅在其《大唐新語》中說，唐太宗請他身邊的近臣吃飯，喝了幾杯酒來了興致就想聽段子，於是挑撥大家互相吐槽。作為凌煙閣二十四功臣之首的長孫無忌當仁不讓，掃視一圈覺得歐陽詢長得很別緻，於是出口成詩道：「聳膊成山字，埋肩不出頭。誰家麟角上，畫

此一獼猴。」歐陽詢心知肚明他是在諷刺自己，不甘示弱，因長孫無忌是個矮胖子便回懟道：「索頭連背暖，漫襠畏肚寒。只因心溷溷，所以麵團團。」歐陽詢顯然更狠，說長孫無忌從內到外都透著埋汰勁兒，誰讓你先罵我的！李世民剛想笑，一合計不對啊，長孫無忌要是豬，自己豈不是娶了一個粉紅豬小妹——長孫無忌的妹妹正是李世民的皇后。於是他正色道：「打住，打住，大歐你過分了啊，你不怕皇后聽見嗎？」呃，無語了，人家妹夫厲害，只能乖乖閉嘴。

　　高麗使節來求字的時候，高祖還不無揶揄地說，他們看大歐的字是不以為他老高老帥嘞！歐陽詢到底磕磣到什麼地步呢，史書還有另一段記載。說是貞觀十年長孫皇后去世，太宗悲痛萬分，詔令文武百官來參加長孫皇后的葬禮。畢竟群臣如此大場面聚集的情況並不多，歐陽詢也一臉嚴肅地站在那，很多人一看見他就心中暗自發笑。中書舍人許敬宗忍不住看了歐陽詢一眼，這一看不要緊，他立馬想到了長孫無忌的「猴論」，一口氣沒憋住笑出了聲！這下可闖大禍了，畢竟是皇后的葬禮，敬宗不敬，於是被貶出京。許敬宗當然覺得好窩火，都怪那個長孫無忌非說人家像猴！後來武則天當政，許敬宗得寵，逼得長孫無忌上吊自殺，不知和這段往事有沒有關係。

　　關於長孫無忌諷刺歐陽詢這件事，後果遠不只這些。現在聽說有些身分地位的人攢飯局都會飯前收手機，以免洩露

隱私，前車之鑑太多了。皇上請客也不例外，不知道是誰把君臣飯局戲謔的實況偷偷散布出去了。然後就有人根據長孫無忌的詩編了個故事，故事的名字叫《補江總白猿傳》，作者不詳，見於《顧氏文房小說》和《太平廣記》，魯迅校輯的《唐宋傳奇集》也收入了此篇。故事的文體屬於「傳奇」，因出現在唐代所以也叫「唐傳奇」。那麼唐傳奇《補江總白猿傳》講的是什麼呢？江總就是歐陽詢成為孤兒後的養父，也是歐陽詢的父親歐陽紇的生前好友。但這個故事並不是講江總事蹟的，而是講歐陽紇的。題名中「補江總」三字是「備知其事」之意，就是說這個事兒和江總多少有點關係，此前未有傳述，所以在這補錄。

　　故事大意是說，南朝梁的大同末年，朝廷派別將歐陽紇則率軍攻城掠地，到了長樂。為平定各種勢力，歐陽紇深入崇山峻嶺。歐陽紇的妻子長得又白又美，部下曾勸他說：「聽說此地有個大神，慣於劫掠少女，長得好看的就更危險了，將軍可要保護好夫人。」結果這話就應驗了，歐陽紇的妻子果然神秘失蹤，將近兩個月後，經歷了一系列奇遇的歐陽紇終於在一處世外桃源的洞府裡見到了妻子。妻子說，掠我者非凡人，一百個你也打不過他，回去準備兩斛美酒、十條肉狗、幾十斤麻再來，歐陽紇於是告別妻子。待到準備完畢，歐陽紇重又回來，終於見到那個所謂大神，竟是一隻美髯白猿。洞中還藏了三十多美婦和各種奇珍異寶。經一番苦

戰，歐陽紇動用諸般手段，終於將其殺掉。婦人們講述了白猿的各種神跡和罪狀，還特別提到這個異獸竟然還每晚讀竹簡，看起來非常有文化。臨死前白猿告知歐陽紇，他的妻子已經懷孕，請善待孩子，這個孩子將來會遇上明君，定能為他光宗耀祖。呵呵，這個孩子，自然就是歐陽詢了。

關於這個故事，還衍生出了其他藝術樣式的作品，比如四川地區曾發現多塊雕刻有「白猿傳」主題的畫像石。

梁滅後，歐陽紇歸陳，平定嶺南叛亂，在廣州據守十二年，很有威望，也因而引起朝廷猜忌，被逼兵變，失敗後被陳武帝所殺，而且是滅族，歐陽詢成功藏匿而倖存。再後來的事情大家都知道了，歐陽詢果然文筆了得，聞名於世。從今人的視角看，這個故事可以說用心相當險惡了，魯迅先生在《中國小說史略》中曾經指出，《白猿傳》「是之假小說以施誣衊之風」，透過造謠歐陽詢是猿猴後代，開了唐人以小說誣衊他人的先河。如此看來，一千年以後，讒者連名字都不曾留下，其究竟是何動機也不值一提，而被讒者則永遠名垂青史，啟示後人。

一種後人難以企及的藝術風格

值得一提的是，白猿在中國古代敘事文本中是一個有著悠久傳統的藝術形象。在《山海經》中就已經有了明確的關於白猿的描寫，《抱朴子》裡出現了猿精。而猿猴擄掠人

妻的故事也是此前就有的，如漢焦延壽《易林》、西晉張華《博物志》和東晉陶潛《續搜神記》等書裡面都有此類描寫。

通覽以上諸作，敘事者對筆下的白猿並無太多貶義，甚至還帶著某些對其神異嚮往。因此《白猿傳》的作者到底有沒有污蔑歐陽詢的主觀惡意其實還不好說。該文只是化用了前人的情節構置模式，但無可否認的是，從文本上看，故事結構完整，條理清晰，情節曲折，描寫生動，是一篇較為成熟的唐傳奇作品。而且，頗為有趣的是，對於非古代文學研究者的大眾來說，故事中一些細節現在讀起來竟感覺似曾相識，是的，這種異類擄掠人妻的橋段在名著《西遊記》中也多次出現，而且鬥法的過程也很相似。無論吳承恩是否看過這篇已經帶有神幻色彩的《補江總白猿傳》，它對後世的影響是真實存在的，比如宋代話本《陳巡檢梅嶺失妻記》的故事即脫胎於此。白猿形象後來更是得到諸多演繹，在人們熟悉的金庸武俠小說《越女劍》、《神雕俠侶》、《倚天屠龍記》中反覆出現。

實際上，不只有在中國，整個東方世界普遍存在人獸通婚的多民族跨文化呈現，從西域佛經故事到日本民間傳說，都有相關描寫。王憲昭先生認為，「人獸婚」的文學母題最初是用來表現祖先崇拜的。比如，著名民俗學家孫作雲在1957年發表《周先祖以熊為圖騰考》一文中認為，「黃帝號『有熊氏』，即黃帝之族以熊為圖騰」。又說：「從種種方面

證明：這『大人之跡』就是熊跡，姜嫄履大人之跡而生子，就是履熊跡而生子，周人以熊為圖騰。」從這個意義上講，《補江總白猿傳》也可能表現了時人對歐陽詢絕塵超俗之才華的羨慕嫉妒恨，因為那幾乎是凡人所不能及的，所以用神跡異象附會之。

後人評價歐書，也常常用「嶮（險）」、「絕」、「奇」之類的詞。宋人王詵曾在歐陽詢的〈行書千字文〉後題跋說：「東坡公言，歐率更書，非托於褊嶮，無所措其奇，其末流遂至李國主輩，五降之後，不容彈矣，僕非唯愛此評，又愛其筆札瓌偉，遂先白主人而取之，主人自有多事之病，憐我病更甚，故取之而不拒也。」一方面他肯定蘇軾對歐書「褊嶮」的評論，同時又加上了奇異、雄偉的修辭，以至於喜愛到病態的程度。

國學大師饒宗頤書錄此跋並評論說：「詵書亦於嶮中求正，澀裡取暢，如江西詩句，自可人也。北宋書道，與詩同流，不可不知。選堂又書。」意思是王詵深得歐書精髓，而且他「嶮中求正，澀裡取暢」的書風，和宋詩是一個格調。這個就有趣了，按照饒公的說法推理，宋詩的風格形成是與歐陽詢有關的。唐中期流行的書法是顏筋柳骨，特別是顏真卿，他的那種粗壯筆劃和嚴整布局特別適合表現雄渾浩蕩的大唐氣象，可以說顏楷是為盛唐而生。到了唐末，帝國氣數將盡，顏氏書風就寫不出感覺了。米芾在《書史》中說「唐

末人學歐尤多」，連逆臣張廷范都喜愛歐書，歐陽詢的作品後多有其跋，他曾在歐陽詢的一件雙鉤摹本上寫道：這就是至寶啊！惜之，惜之，永為所寶之寶！足見歐書當時的影響力。初唐的歐書逐漸回暖，重新得到了重視，這種影響一直持續到宋朝。

歐陽詢〈行書千字文〉（局部），遼寧省博物館藏

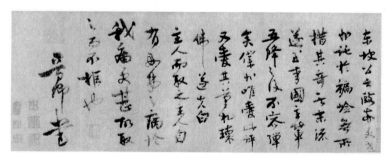

王詵跋歐陽詢〈行書千字文〉，遼寧省博物館藏

在歐書中，既有與魏晉一脈相承的正宗氣韻，又有歐陽詢獨闢蹊徑開創時代的個人風格，在法度中追求個性。這樣的字，對於政治和軍事受制於人卻在文化和藝術上空前繁榮

的宋人來說，看著很是舒服，所以宋人學歐也就不足為奇了，顏柳離他們似乎有點遠，更不用說任性瀟灑的張旭、懷素了。

那宋詩是什麼樣的呢？人們常說，詩被唐人寫絕了，到了宋人那裡只好玩詞。其實，宋詩也是有自身特色的。正是因為唐詩太瑰麗壯觀了，宋詩必須推陳出新、出奇制勝，所以「嶮中求正，澀裡取暢」在所難免。我想這也是宋詩「理趣」特點的成因之一吧，宋詩的理趣與佛門禪機關係密切，禪機所在看不見摸不著，只可意會不可言傳，當然是奇的。忽然想起一首著名的宋詩，用來形容歐陽詢的字似乎很形象，就是蘇軾的《題西林壁》：「橫看成嶺側成峰，遠近高低各不同。不識廬山真面目，只緣身在此山中。」

他的藝術人生是癲狂與靜默的變奏曲

──〈郎官石記序〉與張旭

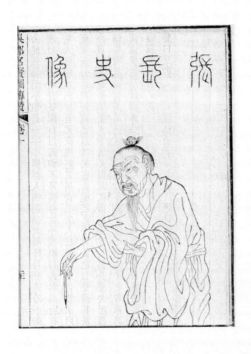

張旭（685 年？～759 年？），字伯高，一字季明，
蘇州吳縣（今江蘇蘇州）人，唐代書法家，
擅長草書，喜歡飲酒，世稱「張顛」，與懷素並稱「顛張
醉素」，
與賀知章、張若虛、包融並稱「吳中四士」，
又與賀知章等人並稱「飲中八仙」，
其草書則與李白的詩歌、裴旻的劍舞並稱「三絕」。

他的藝術人生是瘋狂與靜默的變奏曲——〈郎官石記序〉與張旭

　　唐代書法家張旭的作品，我最熟悉的莫過於其「草書〈古詩四帖〉卷」。從 2014 年浙江省博物館「守望千年」——唐宋元書畫珍品特展，到 2018 年遼寧省博物館中國古代書法展（第一期），再到 2019 年遼寧省博物館「又見大唐」書畫文物展，五年間我親見該作品三次列展。從 2012 年至今，近十年間該作品共計展出過五次之多。由於此卷屬遼博藏品，所以這五次展出其實有三次在遼博，生活在瀋陽的近水樓臺之故，每次展出我都不只一遍去觀摩。

　　這件墨跡不僅我個人熟悉，想來也是張旭最著名的作品了，然而本文重點想說的卻是張旭作為「草聖」的另一件非著名的但卻與〈古詩四帖〉卷有著密切關聯的楷書作品——〈郎官石記序〉碑冊。

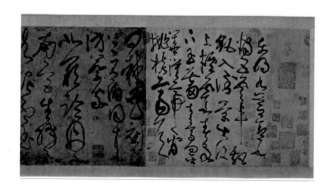

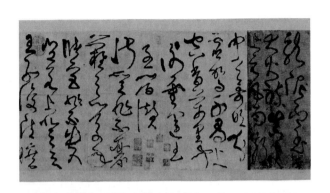

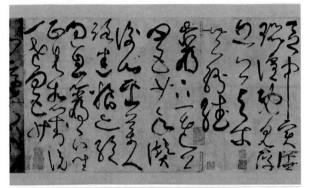

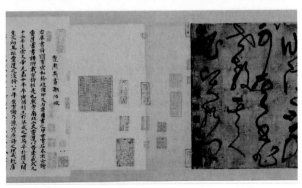

唐張旭草書〈古詩四帖〉卷，遼寧省博物館藏

草聖的楷書與晉宋筆法傳承

　　眾所周知，張旭擅草。無論是典型唐草〈肚痛帖〉、〈斷千字文〉，還是奇幻神妙的〈古詩四帖〉，從前提起張長史總是想到其筆下走龍蛇、紙上生煙雲的豪邁奔放，想到其「脫帽露頂王公前」的狂誕不羈。認真參詳〈古詩四帖〉墨跡，不懂草書也會深深被感染。儘管知道張旭也寫楷書，但是，2020 年 1 月，當我在上海博物館親見其楷書拓本（宋拓孤本）〈郎官石記序〉時，還是著實一驚。

　　《宣和書譜》評說：「其名本以顛草，而至於小楷行草又不減草字之妙，其草字雖然奇怪百出，而求其源流，點畫無不該規矩者。」蘇軾稱其「作字簡遠，如晉宋間人」。黃庭堅也曾高度評價張旭楷書，認為「唐人正書無能出其右者」。曾鞏給〈郎官石記序〉的評語則是「出於自然」，「至於極者乃能如此」。〈郎官石記序〉取法歐陽詢、虞世南，展示出非常明顯的由晉入唐的譜系傳承，規矩、正統、端莊、精妙，法度森嚴、雍容閒雅，而且沒有受到同時代的盛唐流行風氣的影響。在展廳裡，我忍不住和友人分享這樣的視覺衝擊，不禁感嘆：在打牢基礎的前提下堅持自我有多重要！

唐張旭楷書〈郎官石記序〉碑冊，上海博物館藏

張旭傳世楷書相關作品迄今發現兩件，除了〈郎官石記序〉碑冊，另一件是《嚴仁墓誌》出土原碑，也是精勁自然，清妙簡遠。張旭這兩種楷書作品風格一致，一派「二王」以降的晉宋[1]風流。學界對於張旭之前的唐代楷書筆法傳承早有研究和論證。根據相關文獻史料可知，智永和尚得「二王」筆法，傳虞世南，虞世南再傳陸柬之、上官儀，陸柬之傳其子陸彥遠，而陸彥遠最後傳堂甥張旭。這一路的傳承，與後來勃興起來直到今日人們仍舊頗為熟悉的典型唐楷似乎不是一個路數。盛唐典型楷書是什麼？我們從小就知道，是「顏筋柳骨」。如果把張旭「郎官石」與王羲之「樂毅論」、顏真卿「家廟碑」放在一起，我們很容易發現張楷

1　晉宋，包擴地理和時間兩重內涵，指中原及江南的晉朝（265 年—420 年）至南朝宋（420 年～ 479 年）這一歷史時期。

047

更接近王,而和顏的風格迥異。

　　從「二王」到張旭,從這一路走下來的人楷書與行草切換自如,在技術上可以把這幾種字體自然融合,我們看虞世南寫〈蘭亭〉,看陸柬之書《文賦》即可佐證這一點。然而,學顏柳之後的諸家,似乎並不是這樣。比如,清代書法家錢灃以學顏著名,但其字結體刻板、用筆單調,頗有失意趣。同朝代的書法家、書論家王澍曾指出,學顏體不難於整齊、沉勁,難於自然、駘宕。

　　人們常說寫行草要先打好楷書基礎,這句話有待商榷。因為,楷書和楷書不一樣,學「二王」一脈的楷書,對於寫行草確有幫助,它們之間很多筆法是一致的,本質上都是一種自然書寫的狀態,不刻意造勢、做效果;學顏柳一脈的楷書,似乎學得越精深今後再寫行草就越難以轉換,那種頓挫提按、停筆折轉是行草所要克服的。當代人寫字也是如此──入手練了顏體再寫「蘭亭」一類,會難上加難,因為你先要把顏氏筆法忘掉,才能「行」起來。反過來,如果先學了「二王」、晉宋傳統,再學顏柳,在技術上問題不大,若是更喜歡那種大氣磅礴、硬朗筋骨之風格的話。

一位傑出張門弟子的變革與創新

　　張旭其實也是一位重視創新的人。在他之前的草書大家可以說是東漢張芝,但是張芝的時代書法還沒有完全成為審

美的藝術對象，草書在那時出現更多是源於人們對漢字書寫簡易快捷的追求。章草還帶著隸書的影子，直至其發展為成熟的草書字體——今草。到了王羲之時代，今草已經成型，如我們現在看〈遠宦帖〉，清晰可見其筆下介於章草、今草之間的過渡風格。如果說張芝的「草」更凸顯在客觀書寫技法上，那麼張旭的「草」則更加重視書寫者的主觀抒情。張芝的主要成就在章草（今人所見其名下的狂草〈冠軍帖〉實為晉宋以後的託名之作，更有觀點認為該作就是出自張旭），張旭的草書則是大草、狂草，是比今草更加大膽的書寫，是一種飛躍和創造。

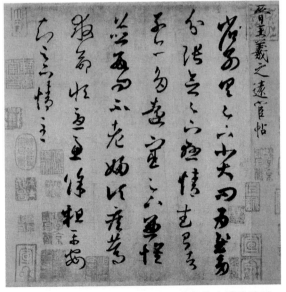

晉王羲之〈遠宦帖〉（唐摹本），臺北故宮博物院藏

　　韓愈曾在他的《送高閒上人序》裡讚嘆說曰:「往時張旭善草書,不治他技,喜怒窘窮,憂悲、愉快、怨恨、思慕、酣醉、無聊、不平,有動於心,必於草書焉發之。觀於物,見山水崖谷,鳥獸魚蟲,草木之花實,日月列星,風雨水火,雷霆霹靂,歌舞戰鬥,天地事物之變,可喜可愕,一寓於書。故旭之書,變動猶鬼神,不可端倪,以此終其身而名後世。」從內心世界到宇宙萬物,簡直無所不包。

　　就楷書而言,張旭上承初唐楷法,下啟盛唐書風,在書法史上亦是一位極其關鍵的人物。盛唐書壇曾經出現了一次重大的革新運動,得此風氣之先的就是張旭,唐貞元年間書論家韓方明在《授筆要說》中指出,唐代楷書到了張旭這裡,傳統筆法得到進一步補充、完善和豐富。變革從張旭開始,而把這一革新推向高潮的就是張旭的一位學生——顏真卿。沒錯,就是後來楷書風格與張旭迥異的顏體創立者顏真卿。

　　張旭得法之後,又傳韓滉、徐浩、李陽冰、吳道子、鄔彤、顏真卿等,而後徐浩傳皇甫閱,皇甫閱再傳柳宗元、劉禹錫……顏真卿自幼受到書法世家母族殷氏的啟蒙,其外祖父殷仲容是初唐著名經學家、訓詁學家、歷史學家,成年後參習褚遂良、求教張旭。顏真卿前期書法如最著名的〈多寶塔碑〉儘管已經初具顏氏特色,但依然可見從「二王」到乃師的筆法傳承痕跡;而其行書如〈爭座位帖〉、〈祭姪文稿〉

者之所以依然騄宕飄逸、任性自然，則直接得益於早年從師張旭的學習經歷。也就是說，後人直接學顏，基本就「騄宕」不起來了，顏真卿自己可以」騄宕「則是因為他是張旭的學生。既然如此，那麼顏體為什麼和「二王」筆意相去甚遠呢？藝術的奇妙就在這裡，顏真卿的偉大也正是在這裡，他接過乃師手中變革的旗幟，成為晉唐書風最徹底的變法革新者。

張旭弟子非常多，可謂桃李遍天下。顏真卿是張旭的一位非常優秀的學生。他對老師敬佩有加，曾撰寫〈述張長史筆法十二意〉總結老師的造詣。懷素是鄔彤學生，相當於張旭的再傳弟子，他寫〈自敘帖〉，請師叔顏真卿為他作序。在那篇序言中，顏真卿說了這麼一句話：「忽見師作，縱橫不群，迅疾駭人，若還舊觀。向使師得親承善誘，函挹規模，則入室之賓，舍子奚適。」意思說懷素寫得已然非常不同凡響，但要是能得到先師的親自指點，那就不知道要強到哪裡去了！實際上，顏真卿的早期風格，並不是像現在多數人所熟悉的〈顏勤禮碑〉、〈顏氏家廟碑〉和〈大唐中興頌〉那樣的渾厚廓大、莊嚴肅穆，如〈王琳墓誌〉、〈郭虛己墓誌〉者秀美、溫潤、清爽，這樣的字完全可以和初唐歐虞等人的作品進行對話、溝通，看此字論師門傳承，沒有問題，是典型的張門風致。

然而，在顏真卿所生活的盛唐時代，這樣秀美的字難以

生動地傳達出那種開元盛世、萬邦來朝的大唐氣象,特別是
唐皇喜歡為我天朝立碑作記、歌功頌德,那刻碑的字體必須
加進環境美學、三維空間藝術的考量,於是點畫豐滿、筆力
雄強、方正茂密、氣勢雄渾的顏體誕生了。這是顏真卿在晉
宋傳統基礎上,融合北朝碑刻,進行的藝術變革與創新。

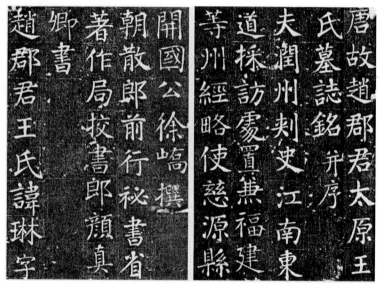

唐顏真卿〈王琳墓誌〉碑拓片(部分),原碑 2003 年出土於洛陽龍門鎮

醉酒大仙原是一枚安靜的美男子

很多喜劇演員在生活中不苟言笑,比如卓別林,比如憨
豆先生,比如周星馳。張旭與懷素並稱「顛張醉素」的「張
顛」,與賀知章等人並稱「飲中八仙」,其草書則與李白的

詩歌、裴旻的劍舞並稱「三絕」。杜甫說：「張旭三杯草聖傳，脫帽露頂王公前，揮毫落紙如雲煙。」這樣的形象在世人的腦海裡留下了太深的印記，所以當我們想像張旭安靜地坐在書桌前恭謹地寫著楷書，這個畫風簡直太違和了！

事實就是這樣，你以為很瘋很神經的癲子，更多時候是一枚安靜的美男子。《新唐書‧藝文傳》說：「旭，蘇州吳人。嗜酒，每大醉，呼叫狂走，乃下筆，或以頭濡墨而書，既醒自視，以為神，不可複得也，世呼『張顛』。」這只是張旭生活的一個瞬間，但卻幾乎成了後人對他刻板印象。世人只看到他創作時的激情與瘋狂，沒想過他學書時的投入與安靜。《新唐書》載：「旭自言，始見公主擔夫爭道，又聞鼓吹，而得筆法意，觀倡公孫舞《劍器》，得其神。」這可謂時時刻刻都在參悟藝術之道，所以才滿眼都是書之法。張旭的狂草也是狂放而不失規矩，疏密有度，縱橫有象。這種規矩，來自他對楷書的長期訓練。正是有了〈郎官石記序〉這樣對晉宋傳統嚴謹扎實的承繼與錘鍊，才可能釋放出〈古詩四帖〉那樣的縱橫捭闔與騰宕自如。

〈古詩四帖〉和他的典型今草作品〈肚痛帖〉、〈斷千字文〉還不太一樣，〈古詩四帖〉作為狂草作品，瀟灑飄逸、變幻莫測，通篇彌散著一種玄妙的氣息，儘管「狂」，儘管「草」，卻絕無躁亂與喧囂，像交響樂一樣激昂澎湃之後給人的是一種靜謐安詳之感。正如詩仙李白的那些神來之筆，

張旭的狂草仿似來自某種上天的神諭，達到了人書俱老、天人合一的境界。

實際上，這些特質和他的為人、學問，都密不可分。他學識淵博，才華橫溢，他的詩文成就基本被書法名氣掩蓋了。如他的七絕〈桃花溪〉：「隱隱飛橋隔野煙，石磯西畔問漁船。桃花盡日隨流水，洞在清溪何處邊。」張旭這28個字，不僅化用了陶淵明的那個傳奇故事，而且營造出時空疊映的藝術效果——漁人的桃花源是第一重時空，陶淵明的桃花源是第二重時空，張旭的桃花源又是一重時空，這三重時空在詩人的一「問」中呈現出鏡頭疊映式蒙太奇效果，這本身就是奇幻而浪漫的。

張旭性情豁達、卓爾不群，且行俠仗義、樂善好施。他曾擔任常熟縣尉、金吾長史等，這都是軍警系的職務，基本相當於武官了。傳說他有個老鄉，遭遇困境，經濟拮据，就抱著試試看的態度寫信給張旭，希望得到他的資助。張旭非常同情鄉人，便回信說道：「您只要說這信是張旭寫的，要價可上百金。」鄉人便照著他的話拿著信上街售賣，果然不到半日就變現了。他的著名粉絲、有著遊俠經歷的李白在其樂府長詩〈猛虎行〉中寫到：「楚人每道張旭奇，心藏風雲世莫知。三吳邦伯多顧盼，四海雄俠皆相推。」用現在的話說，這幾乎就是在向偶像表白了，而李白可是號稱「謫仙人」的，能讓「仙」如此敬佩之人該是怎樣的一代風流呢！

論中國書法，從秦漢到魏晉再到唐、宋、元、明諸家，幾乎沒有人不被後人批評過，如「初唐四大家」，皆受到過不同程度的批評，再往前即便是歷代書家師宗的「二王」之尊也不例外。然而，對於張旭，卻眾口一詞讚嘆不已，沒有人提出過非議，沒有人說半個不字，這在中國古代書法史上是極為罕見的，足以說明張旭趨近完美的藝術造詣和他身上令人服膺的人格魅力，著實不愧對一個「聖」字。

我來了，觀博打卡其實是一種儀式
──〈曹娥誄辭〉與韓愈

韓愈（768～824），字退之，
河南河陽（今孟州市）人，世稱「韓昌黎」、「昌黎先生」。
官至吏部侍郎，人稱「韓吏部」。
唐代文學家、思想家、哲學家、政治家。

在 2020 年遼寧省博物館「山高水長——唐宋八大家主題文物展」中，有一件書法作品為佚名絹本〈曹娥誄辭〉卷，因書寫於東晉升平二年，故又名〈升平帖〉。史載東漢時期會稽上虞縣令度尚為表彰、紀念一位叫曹娥的女子，立了一塊碑，碑文就是這篇誄辭。所謂誄辭，就是祭悼志哀的文章。原碑已經無處可尋，但這幅晉人的墨跡卻流傳了下來，甚至有人說書寫者就是書聖王羲之，卷後還有宋高宗趙構等人的多種題跋。

東晉佚名小楷〈曹娥誄辭〉卷有「三絕」

那麼曹娥是何許人也，一個小女子怎擔得起縣令、書聖乃至帝王的數度加持？還好，南朝宋范曄所撰《後漢書‧烈女傳》及劉義慶的《世說新語》記錄了她的事蹟，可以和誄辭相互印證，釋解我們心中的疑問。說是當時在上虞縣的曹家堡，有個叫曹盱的巫祝。巫祝，在古代就是指司掌占卜祭祀的人。東漢漢安二年端午節，當地人祭祀潮神伍子胥，巫祝曹盱駕船在舜江中迎潮神伍君，不幸溺於江中，數日不見屍體。他的女兒，年僅十四歲的曹娥，晝夜沿江哭尋父親，十幾天後也投江追父而去，結果又過了五天她抱著父親浮出水面，遺憾的是曹娥此時也已經溺死了。

東晉佚名〈曹娥誄辭〉卷，遼寧省博物館藏

　　儘管曹娥死去了，但她的義舉就此廣為傳頌。縣令度尚也十分感動，便為她立碑，並讓弟子邯鄲淳作誄辭一篇，請人謄寫後刻於碑上。值得一提的是，遼博不僅藏有〈曹娥誄辭〉的墨跡，還藏有〈曹娥誄辭〉的碑拓！很幸運，在 2021 年 12 月開展的「墨影鐫英——遼寧省博物館藏金石拓本展」上，我見到了明早期拓本晉唐〈孝女曹娥碑〉，與墨跡卷本兩相對照相映成趣。

明拓〈孝女曹娥碑〉，遼寧省博物館藏

在〈曹娥誄辭〉正文結束以後，還有一段題記，記載蔡邕半夜前來瞻仰〈曹娥碑〉的故事。說蔡邕觀碑後題了八個字「黃絹幼婦，外孫齏臼」，什麼意思呢？說到這兒又不由得想起《世說新語》裡面講的曹操與楊修同觀曹娥碑的故事。

東漢末年楊修隨曹操騎馬路過曹娥碑，曾為曹操解釋八字題記說：「黃絹，色絲也，並而為絕；幼婦，少女也，並而為妙；外孫為女兒的兒子合而為好；齏臼作為搗舂器具，其功用就是受納那些辛辣調味品，也即『受辛』，就是漢字『辭』（古時『受辛』為辭的異體字）。因此這八個字其實是『絕妙好辭』之意，是對曹娥碑碑文的讚美。」曹操是走出三十里才想明白的，待楊修揭曉謎底時他驚嘆道：「你的才思高出我三十里啊！」楊修後來被曹操所殺，很多人說是因為他太愛「露才」了。

楊修到底因何而死暫且不論，「絕妙好辭」的評價倒並非溢美。筆者總結東晉〈曹娥誄辭〉卷有「三絕」，絕妙好

辭自然就是第一絕。文章用工整的句式生動地描寫了曹娥的事蹟，引經據典，文采飛揚，堪稱古代悼詞祭文範本。第二絕，是絕世小楷。對於這件書法作品，自宋至清一直有作者係王羲之的說法，可見，它即便不是出自王羲之手筆，至少也已經達到了可以和書聖的字相媲美的水準。從書法上看，此卷字體結構和書寫方法體現了東晉楷書趨於成熟的風格。同時，卷中還有唐懷素等題名和觀款，卷後有南宋高宗趙構、元趙孟頫等十餘人的題跋，後世的帝王、名士、書家都對它十分重視。

〈曹娥誄辭〉卷局部，唐韓愈題簽

說到題款，那就要說說此卷第三絕了：絕筆真跡。就在書心的題款中，我們可以看見唐代著名思想家、文學家、政治家、教育家、詩人、唐宋八大家之一韓愈的一段墨跡，之所以說絕筆，是因為此乃迄今發現的韓愈唯一存世墨跡。在書心上方，韓愈的這八行 33 字以小楷寫就，雖然字體很小，但放大觀看可見其既沉著凝重又舒展奔放。

曹娥精神與韓愈「原道」主張不謀而合

韓愈在這卷誄辭上寫下了什麼呢？儘管個別字跡殘損，但大致可知，韓愈寫的就是某年月日他和幾位朋友同觀此卷這件事。幾個人的名字歷歷可見，身分有進士、州刺、刑部員外郎、國子博士、著作郎等。用現在的話說，這就是打卡。韓愈不是乾隆，過眼即打卡，但這個卡打得確實有點形式大於內容。那麼問題又來了，一向主張文以載道、務去陳言的韓愈，首倡古文運動的韓愈，為什麼要在這篇誄辭上打個並無太多實際內容的卡呢？

我想，這裡面至少有兩個原因。第一，幾個志同道合的朋友相約「看展」，大概是一件非常值得紀念的事情，特別是在那個資訊並不十分暢通的年代，不像現在一個電話就可以約一下。第二，也是更重要的一點，是這件「展品」意義重大，非同尋常。我們前面了解了它的內容與來歷，也就不難理解這一點了。曹娥的故事是典型的儒家孝道文化的體現，長幼有序，父死女悲，感天動地，令人戚戚，而這恰恰和韓愈當時所宣導的復興儒教的主張不謀而合。

為什麼說復興儒教呢？當我們說復興的時候就意味著它可能在某種程度上衰落了。是的，這事還得從佛教的中興說起。兩晉南北朝時期佛教在中國迅速崛起並興盛，所謂「南朝四百八十寺，多少樓臺煙雨中」描繪的就是這樣的情形。

到了唐朝，佛教更是蓬勃發展，不僅寺院、僧侶和信徒大大增加，而且還形成了許多不同的宗派，佛教的地位達到了如日中天的程度。佛教之外，是黃老之學，也就是道家。道家因始祖老子姓李而受到李唐王朝的大力推崇。佛老在前，儒家於是靠邊站了。

然而，統治階級為了達到其政治目的而利用佛教，使佛教呈現畸形發展的態勢，產生了很多負面影響。比如很多人不是因為信仰而是因僧侶地位高而出家，以逃避勞動；民間甚至還出現了採取自殘等極端行為供養三寶的事情。於是，一些有識之士開始反思佛教問題。有人認為，藩鎮割據乃至安史之亂使大唐由盛轉衰，正是以下犯上亂象的集中爆發，這與儒家思想的正統地位被動搖有直接關係，因為儒家倫理道德不能再像以前那樣有效約束人們的行為。韓愈就是極力排佛的代表，作為儒家思想的忠實粉絲，他認為統治者過度崇尚佛教會對國家發展產生負面作用，提出要抑制其發展，更重要的是必須重建儒家道統。比如他在〈原道〉、〈進學解〉等文章中指出儒家道統已經中斷，重興儒教是當務之急。

清拓永瑆楷書〈韓文公進學解〉（局部），遼寧省博物館藏

在〈進學解〉中，韓愈稱道一位國子先生說：「觝排異端，攘斥佛老。補苴罅漏，張惶幽眇。尋墜緒之茫茫，獨旁搜而遠紹。障百川而東之，回狂瀾於既倒：先生之於儒，可謂勞矣。」這其實是一種自喻，表明自己要獻身儒道的心跡。後世許多書法名家抄錄過這篇〈進學解〉，以表達自己對韓愈的崇敬。「唐宋八大家主題文物展」中可見清永瑆楷書〈韓文公進學解〉拓本。

道濟天下之韓文公的儀式與信仰

韓愈才華橫溢，求學刻苦，但卻少年多舛，先是幼時喪父，稍長又屢試不中。後來透過給達官顯貴做幕僚，慢慢進入體制內。直到 51 歲時，文人韓愈才因為有戰功得以躋身上層統治集團。然而，就在那兩年後，卻因上表諫迎佛骨而

觸怒憲宗，險些被憲宗處死，幸得裴度等大臣說情營救，才留得一命，被貶為潮州刺史。他在那篇著名的〈諫迎佛骨表〉中，痛斥當時佛教的諸多弊端，是繼東漢范鎮的〈神滅論〉之後，又一篇聲討有神信仰的檄文。

那時候的潮州還是「蠻夷之地」，從長安到潮州，韓愈可以說是九死一生，他甚至在出發時就沒想活著回來。他的姪孫韓湘得知消息後一路追去，追到藍關終於見到了被罕見的暴雪擋住去路險些凍死的韓愈。韓湘練過一些道家功法，民間傳其為修仙族，動用法術解救了韓愈，他後來就被人們附會成了八仙之一的韓湘子。祖孫相見，韓愈感慨萬千，寫下一首詩，告訴韓湘：「我的本意是為國家清除積弊，一把老骨頭倒不足惜。只是可能再也回不去了，剛好你來了，如果我死了就幫我把屍骨埋在這瘴江邊吧！」這就是著名的〈左遷至藍關示姪孫湘〉：

一封朝奏九重天，夕貶潮州路八千。欲為聖明除弊事，肯將衰朽惜殘年！雲橫秦嶺家何在？雪擁藍關馬不前。知汝遠來應有意，好收吾骨瘴江邊。

清永瑢〈藍關宦轍圖〉冊頁，遼寧省博物館藏

　　千載之下，看著〈曹娥誄辭〉卷眉上那一段小小的字跡，再讀此詩，不禁感慨。古代文人士大夫這種為國捐軀的無畏氣概，著實令今人敬佩、汗顏，他們這種氣概無疑是來自心中的信仰。對於韓愈來說，觀〈曹娥誄辭〉與其說是揣摩晉書神韻，毋寧說是一種儀式，朝覲儒家精神的儀式。在二十幾年宦遊生涯中，韓愈屢屢因為直言進諫而得罪權貴，仕途幾經起落，在中央與地方之間遷謫往復。西元824年，謫貶潮州的事情發生四年後，韓愈病逝於長安，時年

57 歲，朝廷追授禮部尚書，諡號為「文」。兩百多年後，潮州官民為韓愈建廟立碑。大文豪蘇軾撰寫碑文，說韓愈「文起八代之衰，而道濟天下之溺」，這是對韓愈比較公允的評價，並非虛言。

最後值得一提的是，韓愈相關墨跡在遼博收藏、展出，這也算是韓文公的一種因緣際遇。韓愈自稱「郡望昌黎」，唐朝的昌黎郡治就在今遼寧義縣，而非現在的河北昌黎，河北的昌黎是金朝才有的地名，並且也不是郡。歷史上東北昌黎郡出過許多韓氏名人，如前燕大司馬韓壽、北魏時期修建萬佛堂石窟的韓貞等。

寒江孤影，獨釣千年
——〈三絕碑〉與柳宗元

柳宗元（773～819），字子厚，

唐代河東郡（今山西省永濟市）人，

唐代著名文學家、思想家，唐宋八大家之一。

世稱「柳河東」、「河東先生」、「柳柳州」，

又與同時代的韓愈並稱「韓柳」，

宣導古文運動的領袖人物。

看過《一代女皇》、《武則天》、《武媚娘傳奇》等影視劇的朋友，對下面這段故事大概不會陌生：太宗駕崩後，武才人入感業寺削髮為尼，兩年後又由感業寺入宮，次年拜二品昭儀，一年後生長子李弘，兩年後生長女安定公主，然而小公主出生一個月後，王皇后去探望武氏母女，偏巧就在王皇后自己逗留房中的工夫，小公主不幸夭亡。

成書於五代時期的《舊唐書》和《唐會要》只說小公主暴卒，而宋朝官修史書《新唐書》和《資治通鑑》都認為元凶正是武則天自己，她的目的是嫁禍王皇后以便自己上位。可憐的安定公主究竟因何匆匆離開人間，大概永遠是一個謎了。但這件事的確改變了很多人的命運，包括武昭儀、王皇后，以及王皇后的族人，乃至大唐王朝的命運。高宗見自己的女兒不明不白死了，勃然大怒。不久王皇后被廢，和她遭遇類似命運的還有早前受寵的蕭淑妃。王皇后與蕭淑妃後來被武則天所殺，王蕭兩家族人全部罷官、流放。

柳柳州不同尋常的家庭出身

王皇后出身於太原王氏，本是士族豪門。她的高祖王思政在西魏官至尚書左僕射，唐高祖李淵之妹同安公主是王皇后的叔祖母，王皇后的父親王仁佑當時任特進，地位僅在三公之下。王皇后的母族柳氏也不一般，和薛、裴兩族並稱「河東三著姓」，王皇后的母親魏國夫人柳氏的叔母是唐

高祖的外孫女，而王皇后的舅父柳奭正是當朝宰相。小公主事件之後，王仁祐被褫奪官爵，不久死去，柳奭則被一貶再貶，最後被武則天殺於廣西象州，柳氏一族從此一蹶不振。

柳奭有一個哥哥叫柳楷，柳楷的五世孫我們中國人都知道，就是唐朝著名文學家，「唐宋八大家」之一的柳宗元。柳宗元，字子厚，生於大唐長安城，因祖籍河東而又稱柳河東、河東先生，又因其仕途生涯止於柳州刺史，所以又稱「柳柳州」。柳宗元因詩文成就之巨而與韓愈並稱「韓柳」，與劉禹錫並稱「劉柳」，與王維、孟浩然、韋應物並稱「王孟韋柳」。

據考證，柳宗元小時候他的家位於長安皇城朱雀門旁邊，朱雀大街西側第一街第一坊善和坊，緊鄰澧水。朱雀門是皇城的正南門，是長安城最中心的位置。澧水景色秀麗，是長安八水之一，古有「八水繞長安」的說法。這裡的房子可以說都是位置絕佳的河景豪宅，京城的達官顯貴多在此購置房產。後來搬到親仁坊，也是好地方，被皇帝尊為「尚父」的郭子儀就住在那裡。所說豪宅，不僅建築面積大，而且帶園林。柳家有多少間房不得而知，但室內可陳列皇帝賜書三千卷，而屋外是良田數頃、果樹百株，池塘、小山、亭臺自然一樣不能少。

然而，由於上面提到的原因，柳宗元出生時，這裡已經幾近荒廢。他在詩中說：「故墅即澧川，數畝均肥磽。臺館

集荒丘，池塘疏沈坳。」柳宗元四歲的時候，父親柳鎮主動申請由京城主簿調到地方做縣令，背井離鄉為的就是多拿點地方性補貼。柳宗元還有兩個姐姐，父親離開後，柳宗元的母親便留在家照顧孩子。可是，儘管坐擁全國最牛「學區房」，但盧氏並沒有送兒子上過太學等任何公立學校。原來盧氏認為太學學風不好，很多紈絝子弟在那燒錢，打架鬥毆、不學無術，還不如自己在家學。是的，柳母出身也非同尋常，她本姓盧，而范陽盧氏是和太原王氏齊名的名門望族。盧氏七歲通「毛詩」，經史子集不在話下，學識女紅一樣不落。柳鎮曾對兒子說：「我所讀的那些史書和諸子，你媽沒有不知道的！」誠然，家裡有皇帝賜書三千卷和一位學識淵博的母上大人，不去學校也罷。

由於有個勝過好老師的好媽媽，柳宗元科舉之路非常順利。21 歲時考中進士，聲名遠播，吸粉無數。不料父親柳鎮去世，柳宗元在家守喪三年。隨後，經史部選拔，柳宗元被安排到秘書省任校書郎，開始了他的從政之路。26 歲柳宗元又考取鴻學博詞科，授集賢殿正字之職。柳宗元親身體驗到了當時政治的黑暗與腐敗，極力主張改革變法。在唐順宗永貞年間，身為禮部員外郎的柳宗元，參與了翰林待詔兼度支使、鹽鐵轉運使王叔文發起的改革運動。永貞革新持續了半年時間，以失敗告終。柳宗元先後被貶為永州司馬、柳州刺史。

韓柳二人至死不渝的友情

　　柳宗元與韓愈並稱為「韓柳」。兩人不僅同朝為官，真實地生活在同一個時空裡的，而且在實際生活中關係十分密切，他們的友誼持續了一輩子。韓柳的友誼是真正的友誼，看問題以追求真理作為最高的目標，在任何情況下都能坦誠、客觀地指出對方的不足。他們的成長，他們成就的取得，和他們在生活中有彼此這樣的朋友不無關係。

　　個人生活中關係好，但是討論問題的時候卻常常打得不可開交。韓柳在政治、思想等方面都存在一些分歧，特別是在佛教問題上，可以說是針鋒相對的。韓愈主張滅佛，但柳宗元認為韓愈並不真正了解佛教，他關於佛教的認識都是表面的。柳宗元覺得一些佛家的高僧思想很深邃，人格修養也不亞於古代賢能之士，佛教的教義也有對社會有益的積極方面，盲目排佛是不可取的。然而，在柳宗元、劉禹錫被貶官的時候，只有韓愈勇於得罪皇上替他倆說話；同時韓愈也曾指責兩人說話辦事不謹慎，招致禍患，但這些都是朋友之間最真誠的傾訴，並不會影響他們之間的友誼。

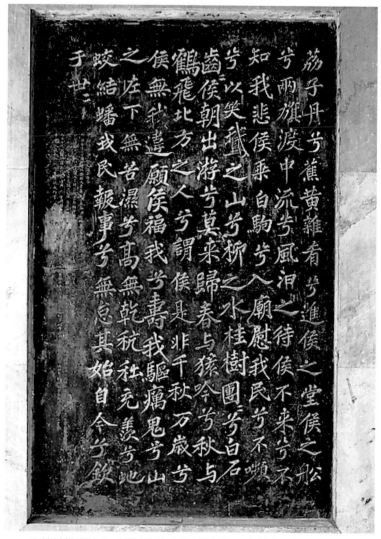

宋蘇軾楷書韓愈〈羅池廟迎享送神詩碑〉，立於廣西柳州柳侯祠

西元 819 年冬，柳宗元在柳州因病去世，時年 47 歲。韓愈聞聽噩耗，悲慟萬分。三年後，柳州官民為柳宗元建廟立祠。第二年，時任尚書吏部侍郎的韓愈為故友撰寫羅池廟碑銘，詩曰：「千秋萬歲兮，侯無我違。福我兮壽我，驅厲鬼兮山之左。下無苦濕兮高無乾，秔稌充羨兮蛇蛟結蟠。我民報事兮，無怠其始，自今兮欽於世世。」——千秋萬歲啊，不要與我分離；從今往後啊，百姓對你世代敬仰！南宋時，後人將蘇軾的碑銘末尾迎享送神詩真跡刻於碑上，稱〈羅池廟迎享送神詩碑〉，因集結了三大文學家的名字，俗稱〈三絕碑〉，又因詩文開頭「荔子丹兮蕉黃」之句，又稱「荔子碑」。

　　在遼寧省博物館「山高水長——唐宋八大家主題文物展」中，展出了〈三絕碑〉的拓片。柳宗元是唐宋八大家中唯一沒有墨跡傳世的一位，但幸運的是在此次大展中，可見帶有柳宗元名款的〈龍城石刻〉殘碑拓片，可見柳氏行書筆力勁健，且富於變化。目前許多資料可以佐證，柳宗元書法造詣很高。他的老師皇甫閱是顏真卿的再傳弟子，而日本留學生橘逸勢、沙門空海都曾在長安跟他學書。柳宗元還有一位關係不算太遠的族親，官至太子少師，名叫柳公權，正是在書法史上與顏真卿並稱「顏筋柳骨」的那位。

當代拓唐柳宗元行書〈龍城石刻〉殘碑，柳州市博物館藏

漫天風雪裡的寒江孤影

儘管柳宗元對佛教的認識與韓愈不一致，但是他在古文運動中卻與韓愈保持一致。他不僅在理論上支持復興樸實、自由的古文傳統，而且以自己大量的創作實踐進行垂範，推動了古文運動的發展。

柳宗元的散文，今存四百多篇。若按內容和形式來分類，可分成論說、傳記、寓言、遊記四個方面。柳宗元的文章具有強烈的批判精神，思想深邃。其傳記文，敘事寫人，生動逼真。柳宗元繼承《孟子》、《莊子》等先秦文學的寓言敘事方法，使寓言成為一種獨立的、成熟的文體，他的寓言筆致冷峭，托意深遠，借物喻人，寄意幽深，表現出很高的諷刺藝術，具有深刻的教育意義。柳宗元的山水遊記，清新秀美，情景交融，特別是〈永州八記〉是古代遊記文的

傑出代表,如〈小石潭記〉、〈鑽姆潭西小丘記〉等都是千古傳誦的名篇。現代山水畫大師陸儼少曾繪製〈永州八記圖〉冊頁,以表達對柳宗元的崇敬,此套冊頁本次也在展出之列。

陸儼少〈永州八記圖〉冊頁 2 幅,宋文治藝術研究中心藏

柳宗元眾所周知是一位文學家、詩人,此外還有一個幾乎被文名所掩蓋的身分,那就是哲學家。柳宗元之所以積極投身政治改革、大力推動古文運動,是因為他總是在反思問題、尋找出路。他是晚唐最重要的思想家之一,他以政治家的遠見,闡發了中國傳統思想的很多重大問題,對中國思想

的傳承作了巨大貢獻，對當時的社會也產生了重大影響。比如他不反對佛教，而且認為佛家思想也有儒家能夠學習借鑑的東西，但是他本人卻是不折不扣的個無神論者。柳宗元繼承和發展了荀子、王充等唯物主義哲學家的思想，在中國哲學史上占有重要地位。在神佛風行的大唐，作為一個樸素的唯物主義者，柳宗元在他所處的時代顯然是孤獨的。他就像他自己在詩中描寫的那樣：「孤舟蓑笠翁，獨釣寒江雪。」

在柳宗元看來，因為沒有神，所以君權神授就不成立了，皇帝也是凡人，那麼郡縣制取代分封制就理所當然了。中國古人在國家實行分封制還是郡縣制這個問題上，有過長期的爭論，柳宗元闡釋了郡縣制的優越性並被後世廣泛接受，算是為雙方的紛爭畫上了一個休止符。簡單說，其理論把整個國家劃分成不同層級，中央之下設郡，郡下設縣，郡縣的長官按照一定的流程選拔任免，縣歸郡管，郡歸中央管，確保地方處在中央的管轄之下，實現了中央集權，有利於國家統一。

從無邊滄浪到浩瀚洞庭
——〈岳陽樓記〉與范仲淹

范仲淹（989～1052），字希文。

祖籍邠州，後移居蘇州吳縣。

北宋政治家、文學家、思想家、教育家、軍事家、改革家。

被稱為「三光名臣」、「有史以來天地間第一流人物」。

諡號「文正」，世稱范文正公。

從祀於孔廟及歷代帝王廟。

　　〈滄浪亭圖卷〉，明周臣繪，藏於國家博物館。2019 年元月在河北博物院「筆墨文心五百年──中國國家博物館藏明清書畫展」中展出，得知消息我便乘高鐵前去觀覽。周氏筆下的滄浪亭是一處真實存在的園林，今位於蘇州城南三元坊，占地面積 1.08 公頃，始建於北宋，是現存歷史最為悠久的江南園林，其建造者是宋代著名詩人蘇舜欽。2011 年去蘇州的時候，逛了幾個著名的園子，其中拙政園遊人最多，滄浪亭遊人最少。人少，便可以從容遊走、發呆，對於我這樣的觀者而言真是幸事。

　　從河北博物院回來，我久久沉醉於周臣的「筆墨文心」之中。轉年，清張照行楷書范仲淹〈岳陽樓記〉碑拓經折，在遼寧省博物館「山高水長──唐宋八大家主題文物展」中展出。滄浪亭與岳陽樓，一直是在我心中矗立的兩座豐碑。它們都是中國古代著名建築，

譫小語繪滄浪亭速寫稿

在滄浪亭與岳陽樓之間

蘇舜欽曾寫過一篇〈滄浪亭記〉，講述置地造園的經過以及他的園林生活。文中說自己因罪被罷官，流落蘇州時發現一處廢園，沒花太多錢就盤了下來，經過整飭翻修，一座將會名揚後世的文人私家園林煥然一新。水榭亭臺皆自洽，風月草木各相宜。「滄浪」二字取自《楚辭‧漁父》中的滄浪歌：「滄浪之水清兮，可以濯我纓；滄浪之水濁兮，可以濯我足。」蘇舜欽從此過上了「野老不至，魚鳥共樂」的生活。

明周臣繪〈滄浪亭圖〉卷，國家博物館藏

那一年，是西元 1044 年，蘇舜欽三十七歲。按照年號說，那一年也叫大宋慶曆四年，說到「慶曆四年」事情就沒那麼簡單了。因為，對於中國文人來講那是需要特別標注的年份，一年之內發生了兩件大事。第一件是那年春天，「慶曆四年春……」我們張口就來的，「滕子京謫守巴陵郡」，

他重修了岳陽樓，後來請范仲淹寫了一篇〈岳陽樓記〉，於是天下盡知其名；另一件就是經夏到秋，蘇舜欽罷官，此後旅居蘇州，重修孫家廢園，命名滄浪亭，並請好友歐陽修賦得〈滄浪亭〉長詩一首，「清風明月本無價，可惜衹賣四萬錢」便是其中的名句。這兩件事實際上有著共同的背景──慶曆新政。

北宋中期慶歷年間，一批政治菁英為了使國家強盛起來，發動了一次著名的改革運動，叫作慶曆新政，新政的內容包括推動儒學復興的一系列舉措，這次新政的領導人就是范仲淹。當時北宋政權與遼、西夏對峙，邊疆危機四伏。1038 年，西夏李元昊稱帝。1040 開始，李元昊多次發兵進攻大宋。范仲淹以龍圖閣直學士身分經略西線邊防，改革軍事制度、調整戰略部署，構築堅固的防禦體系。西夏軍不敢再侵犯大宋，當地的黨項族人和羌族人都稱范仲淹為「龍圖老子」；西夏人非常敬畏范仲淹，稱其「小范老子胸有十萬甲兵！」。1044 年，西夏與北宋議和，李元昊取消皇帝稱號，對宋稱臣。

邊境的動盪，引發了宋仁宗深刻的反思。宋初以來的種種問題逐漸暴露，加之太后垂簾十餘年，政治體制改革迫在眉睫。慶曆三年（1043），以宰相呂夷簡為首的守舊派在朝中重要職務被一班新銳改革派取代。范仲淹在那年秋天上疏他的改革方案──《答手詔條陳十事》，宋仁宗照單全收，

截至第二年五月，已經有九條頒行全國。然而，執政二十年之久的前宰相呂夷簡及其利益集團當然不肯善罷甘休，更何況新政動了官僚體制內許多人的乳酪。於是改革派又被守舊派反撲，陸續被以各種罪名貶官，其中比較有名的比如滕子京。滕子京和范仲淹是同科進士，早年還在同地（泰州）任職，兩人具有相似的政治理想，惺惺相惜。所以在范仲淹舉薦下，滕子京被任命為涇州知州，朝廷對他委以重任。滕子京不負厚望，在涇州大敗西夏李元昊。滕子京因此升職並轉任慶州知州，並成為宋軍西線戰事主要負責人之一。

然而，在滕子京離開涇州後，來自中央的巡視組很快進駐涇州，進行審計、調查。調查結論很快出來了：滕某某挪用公款、謀取私利、巨額財產和部分帳簿去向不明。滕子京自己的解釋以及范仲淹為其所做的辯護是，大量錢財用於犒賞三軍、撫恤軍烈屬。但御史臺的王拱辰以罷工、辭職威脅皇上，要求仁宗嚴懲滕子京。王拱辰敢這麼做也是他知道自己在皇上心中的分量，他當年中狀元時年僅十九歲，仁宗賜名「拱辰」。（如果你對這個名字感到陌生，那再提一個人，他有個曾外孫女叫李清照。）就這樣，在經過兩次反覆調查之後，滕子京謫貶岳州。

到了岳州的滕子京雄心猶在，搞了好幾個大工程，其中就包括重修岳陽樓——擦亮城市的文化名片，創建全國旅遊名城。老友范仲淹應邀撰寫〈岳陽樓記〉。范仲淹適時告誡

他，為了天下蒼生，受點委屈也是值得的，這當然也是范仲淹的自勉。歷史上所有的改革都不會輕易成功，守舊派的力量是強大的，儘管一代名相呂夷簡在那年秋天病故了。改革派范仲淹、杜衍、歐陽修等人相繼離京外放做地方官，寫〈岳陽樓記〉的時候，范仲淹已被謫貶鄧州。守舊派捲土重來，慶曆新政不到一年半即草草收場。

古代謫貶文學的拱頂之作

儘管慶曆新政不到兩年就以失敗告終，但它的影響非常大。慶曆新政讓讀書人認識到，透過科舉取士進入仕途，然後用政治改革來實現救國救民的儒家理想，是一條可以嘗試的道路。改革失敗後，以范仲淹為代表的知識分子並沒有灰心氣餒，而是提出了「先憂後樂」的儒家精神信仰。范仲淹在其千古名篇〈岳陽樓記〉中說：「予嘗求古仁人之心，或異二者之為。何哉？不以物喜，不以己悲；居廟堂之高則憂其民；處江湖之遠則憂其君。是進亦憂，退亦憂。然則何時而樂耶？其必曰：『先天下之憂而憂，後天下之樂而樂』乎。」仕途失意之後用文字來排解憂慮與煩悶，是中國古代一種極具特色的創作題材──貶謫文學。

那麼，如范仲淹、滕子京者，為什麼遭到不公正待遇還要心懷天下、憂國憂民呢？這涉及到古代文人士大夫的一個信仰問題。中國古代社會不像西方國家那樣人們普遍都有明

確的宗教信仰，但這並不意味著人們特別是知識分子階層沒有信仰，儒家的天下意識就是古代文人士大夫們的信仰。我們常常看到這樣一種說法，認為中國古代封建社會實行君主專制，普天之下莫非王土，所以皇帝就代表國家，就是天下。我覺得皇帝、國家、天下，這三者之間不能完全劃等號，這樣簡單粗暴的論斷有失公允，也不符合歷史客觀實際。僅以北宋為例，從范仲淹到歐陽修、王安石、司馬光、蘇軾，等等，他們沒有一個不被貶過，但是他們內心的天下意識從未淡去，信仰從未坍塌，所以受盡苦難甚至屈辱也不會輕言放棄。如果僅僅把自己的職業視為給大老闆皇帝打工，他們何來的這份堅韌與執著？

滄浪亭與岳陽樓，實際上是中國文人士大夫兩種情懷所築就的兩座豐碑。千載以降，滄浪亭成了清風明月的隱逸精神的象徵，岳陽樓則是「先憂後樂」天下情懷的譬喻。歸隱，是為了保持人格的獨立與高潔；堅守，是為了追逐治國平天下的夢想。中國讀書人的理想與追求在這兩座建築間得到了淋漓盡致的體現，進可兼濟天下，退則獨善其身，騰挪輾轉，切換自如。

後世許多文人士大夫把范仲淹「先憂後樂」作為座右銘，傳承其濟世情懷與樂觀精神。如清代藏書家、書法家、戲曲家張照，康熙朝他就已經在南書房陪皇上讀書討論問題，雍正朝官至刑部尚書，但後來被派到貴州做撫定苗疆大

臣,卻因無功而革職拿問,險些問斬。他以大字行楷抄錄〈岳陽樓記〉以遣懷,其朱拓紙本經折在 2020 年遼博「山高水長──唐宋八大家主題文物展」中展出。張照對「二王」及「歐顏趙董」[1] 都有所學習,其對傳統的掌握、對書法的理解,都得到了時人首肯,後來經常為乾隆代筆。

清張照行楷〈岳陽樓記〉碑拓經折,遼寧省博物館藏

1　歐顏王董,指初唐歐陽詢、中唐顏真卿、元趙孟頫和明董其昌。

范仲淹當過地方行政長官，治理一方，為官清正，關心社會底層勞動民眾的疾苦，被百姓愛戴；也擔任過朝中要職，官至副宰相，發起政治改革；還曾遠赴前線，作為軍事統帥大敗敵軍；更有滿腹才華，寫下千古文章，為後世廣為傳頌。可謂文韜武略，不愧是北宋第一人。在漫長的職業生涯中，范仲淹心懷天下，憂國憂民，從不計較個人榮辱得失。每遇國家大事，他都慷慨直言，敢作敢為，曾在不到十年時間裡三次被貶。范仲淹每遭貶一次，人們就調侃他說是「光榮」一次，第一次稱為「極光」——極度光榮，第二次稱為「愈光」——更加光榮，第三次稱為「尤光」——特別光榮。這就是後人稱范仲淹有「三光風範」的原因。

范仲淹是北宋詩文革新運動的宣導者，他提出文章要有思想，要闡明道理，要創新求變，要切合實際，而〈岳陽樓記〉就是這樣的散文典範。文章之外，范仲淹的詩詞一樣精彩。在詩詞創作上，由於忙於衛國戍邊、政治改革和教書育人，范仲淹的作品並不算多，但是留下來的幾乎都是精品。比如對江上漁者的描寫，「君看一葉舟，出沒風波裡」的意境與思想都極為出色；他在豪放派詞宗蘇軾之前就開始了豪放詞的寫作，詞作影響了北宋豪放派詞風的形成，這也與他在邊塞工作和生活的經歷有關，「濁酒一杯家萬里，燕然未勒歸無計」——沙場征戰、戎馬生涯更容易催生這樣奔放豪邁的精神氣質；同時他的婉約詞也毫不遜色，甚至在元代文

學中依然有范仲淹的影子，如「明月樓高休獨倚。酒入愁腸，化作相思淚。」——王實甫在元雜劇《西廂記》中曾對此範詞有直接引用。

作為思想家和教育家的范仲淹

安史之亂以後，唐朝進入藩鎮割據時期，同時也走向了衰落。唐朝文化領袖韓愈發起了古文運動，然而，韓愈在文化上復興儒家傳統的努力並沒能阻止大唐王朝最終的落幕，中華大地經過了唐末的黑暗與陰霾，陷入了更加混亂五代十國時期。直到北宋建立，有識之士愈發認識到韓愈的先見之明，因為政權割據、國家分裂這些都是與儒家理想相悖的。於是他們接過前輩的衣缽，將古文運動發展成了規模和影響更大的儒學復興運動。

作為終身關心國家發展的知識分子，范仲淹一直都在尋找決定國家安定繁榮還是動亂衰落的根本。最後他發展了韓愈的道統論，將士人的學風看作國家治亂的根本原因，即讀書入仕的人能否繼承儒家的「師道」，認明儒經之大旨，掌握治世之大才；而士人的學風，在很大程度上又取決於國家取士制度和吏治情況。也正是因為這樣，范仲淹在新政的改革措施中提出，要以整飭吏治為第一要務，而重中之重是砥礪士風、改革科舉、興辦學校、認明經旨、培養人才。

因此，范仲淹非常重視教育，大力興辦學校，提倡以

儒家的六經作為教學的主要內容。作為應天書院的「畢業生」，范仲淹後來不僅又回到應天書院主持工作，而且在他主政過的興化、睦州、蘇州、饒州等地，都重興教育、積極辦學，培養了很多人才。范仲淹負責書院教務期間，勤勉督學，以身示範，經常教導學生要「從德」，讀書不僅以科舉仕進作為最終目的，更要修身正己，「以天下為己任」。范仲淹是宋儒講學第一人，對後世儒學發展產生了巨大影響。作為大思想家，范仲淹的學問橫跨諸多領域，所以他的學生也在各個領域都有傑出的，比較著名的有教育家孫複、政治家富弼、軍事家狄青、哲學家張載等。

　　宋代是中國古代思想史上的重要時期，儒家的學問實現了由「漢學」向「宋學」的轉變。從解讀儒家經典的方法上說，漢唐經學專注於章句的訓詁和詮釋。宋代儒家則對此進行了革新，強調要從思想理論角度闡發那些經典的要義、道理，這樣的學問被稱為義理之學。在思想內容上，漢唐經學要求嚴格遵從章句本意，不得自出新意；宋儒卻主張創造性地揭示儒家經典所包含的、體現著時代精神的義理，而不必固守師門家法。宋儒這種解經學問，後來就被稱為宋學。宋學主張對經典傳注甚至經典本身也可以懷疑，可以提出自己的不同看法。最早致力於對儒家經典的義理進行闡發，鼓勵懷疑精神和學術自由的人，就是范仲淹。

　　在對《易經》、《中庸》等儒家經典的義理進行闡發的

時候，范仲淹逐漸形成了自己對宇宙間萬事萬物的認識，建立了他的哲學體系。他提出以氣本為基礎的「神化」宇宙論，從氣的變化功能論證宇宙實有，萬物生化；本體論則確立了「至誠之性」的價值本體，並論證其源於乾道變化；他的工夫論既有對道德本體逆覺體證式的內在直觀，又有外在踐履的證悟和實踐；境界論則以萬物一體為修養目標。范仲淹和韓愈一樣是儒家忠實弟子，但范仲淹接納佛學，他的哲學體系架構與佛家理論有著很大淵源。范仲淹的儒家思想，開宋學之先河，為宋明理學的發展奠定了基礎。

　　范仲淹無論在個人品行、學養上，還是在工作事業中，都是楷模和典範，同時代菁英和後世大家都給予了極大的稱頌。王安石說：「嗚呼我公，一世之師。由初迄終，名節無疵。」韓琦稱讚他：「雄文奇謀，大忠偉節。充塞宇宙，照耀日月。前不愧於古人，後可師於來者。」黃庭堅則稱：「范文正公，當時文武第一人，至今文經武略，衣被諸儒。」朱熹認為他是「有史以來天地間第一流人物」。梁啟超則認為：「五千年來歷史中立德立功立言者只有兩個人：范仲淹和曾國藩。」所謂立德立功立言就是做人、做事、做學問。那麼可以說，范仲淹做人做事做學問，在中國幾千年的歷史上都堪稱一流，是當之無愧的千古完人、萬世師表。了解了這些，我們再讀〈岳陽樓記〉，再談「天下意識」，是不是不一樣了呢？

「無中生有」的文字魔術師
——〈秋聲賦〉與歐陽修

歐陽修（1007～1072），字永叔，

號醉翁，晚號六一居士

廬陵永豐（今江西永豐）人，生於綿州（今四川綿陽），

北宋政治家、文學家、教育家。

一代文壇領袖，領導北宋詩文革新運動。

唐宋八大家之一，「千古文章四大家」之一。

諡號「文忠」，世稱歐陽文忠公。

　　西元 1059 的秋天，有點不尋常。因為北宋政壇與文壇的雙料大咖歐陽修，專門為這個秋天寫了一篇文章，題目叫〈秋聲賦〉。兩百多年後，為向大宋「一代儒宗」致敬，被稱為「元人冠冕」的宋太祖十一世孫趙孟頫，以挺拔流暢的二王筆意手錄此文，輾轉流傳，現藏於遼寧省博物館，近年來在遼博「中國古代書法展」及「山高水長──唐宋八大家主題文物展」等大展中多次列展。關於趙孟頫，關於趙孟頫抄錄〈秋聲賦〉的心境及其藝術造詣，後面會在趙孟頫本人的篇章裡專門探討，這裡我們著重品味歐陽修的這篇文章。

趙孟頫行書歐陽修〈秋聲賦〉卷，遼寧省博物館藏

秋聲裡的驚悚與悲涼

　　歐陽修在〈秋聲賦〉中說，他正在夜讀，忽然聽見遠處傳來奇異的聲音，時而淅瀝，時而澎湃，似暴風驟雨，似金戈鐵馬。感到有點驚悚的歐陽修轉頭問書童：「聽見沒，啥聲？你出去看看！」書童開門到外面轉了一圈，回來說：「啥也沒有，外面星月皎潔，夜空中一道銀河，聲音應該是

從遠處樹林裡傳出來的。」歐陽修若有所思，然後喃喃到：「唉，悲哉！這就是傳說中的秋聲啊！」西漢《淮南子》早有「春女思，秋士悲」的說法，指出秋這個季節有兩個重要的隱喻：終結與蕭殺。

想到這些，歐陽子不禁就真的傷懷了。他嘆到：「嗟乎！草木無情，有時飄零。人為動物，惟物之靈；百憂感其心，萬事勞其形；有動於中，必搖其精。」花草樹木沒有情感，尚且有凋敝零落的時限，何況是萬物靈長的人類呢？當無邊的憂思襲上心頭，當不盡的瑣事勞累身體，人必然會疲憊不堪、心力交瘁。更何況，我們還常常思考自己的能力不能做到的事情，憂慮自己的智慧不能解決的問題，所以人就會慢慢變老，從少年到白頭，走向生命的終點。

現在想來，歐陽子所聞秋聲，無非是風行林間忽大忽小忽遠忽近之聲，又夾雜著鳥蟲鳴叫等大自然各種聲音——即所謂萬籟，所有這些融合在一起形成的音響效果。如此自然的事情，竟然讓他想到這麼多，甚至可以說是有點「無中生有」。好好的秋夜讀書活動，本來可以走文藝風，淺吟低唱，做一枚安靜的美男子，但歐陽先生為什麼非要關心全人類命運，替芸芸眾生傾訴衷腸呢？僅僅是與古人的「春女思，秋士悲」相應和，還是他個人生活遇到了什麼不順？

誰的青春不交租

　　歐陽修時年 53 歲，在朝中擔任要職。寫此賦前兩年，歐陽修先是做了禮部貢舉的主考官，以翰林學士身分主持進士考試，他極力提倡平實文風，錄取蘇軾、蘇轍、曾鞏等人，狠狠打擊了形式主義流弊，自己的主張得到光大；寫此賦前一年，歐陽修以翰林學士兼龍圖閣學士權知開封府，就是帶著中央的榮譽稱號任首都市長。寫此賦後一年，歐陽修拜樞密副使，相當於國家最高軍事機構副長官；寫此賦後兩年，任參知政事，實為副宰相。後來，又先後任刑部尚書、兵部尚書等職。也就是說，剛過順耳之年的歐陽修，此時正處在事業的高光時刻，似乎即將在掌聲與鮮花中走向巔峰，他竟會在這個時候如此地唱衰人生？

　　記得我在讀大學中文系的時候，古代文學作品選編的教材上，認為歐陽修的這種低沉的情緒主要來自兩個方面：一個是受了老莊一派消極思想的影響，另一個是作者在慶曆新政失敗後長期苦悶心情的反映。[1] 在遼博的展廳裡，關於這件作品的解說亦是持類似觀點。現在重讀〈秋聲賦〉，我認為這樣的分析是欠妥的。老莊思想是否消極、慶曆新政後作

1　參見李道英、劉孝嚴主編《中國古代文學作品選》（東北師範大學出版社 1998 年版），以及朱東潤主編《中國歷代文學作品選》（上海古籍出版社 1981 年版等多種版本）。

者是否長期苦悶，都是值得商榷的問題。我的結論都是否定的，但這還可暫放一邊，我們只看作者此時此刻是否消極、苦悶。這個怎麼看呢？我們不妨閉上眼睛揣摩一下作者夜讀的情景，如果揣摩不出來，我告訴你，歐陽子夜讀秋聲的房子，基本可以推定是租的，而且條件很一般。

歐陽修最初進京做官時，一直在汴梁東郊租住民房。那裡地勢低窪，雨季時大水漫入屋子，蛤蟆在灶膛下鳴叫，門外一片汪洋，家裡到處是水。所幸家裡空徒四壁，所以也談不上什麼損失。這樣的「盛況」記錄在他的長詩〈答梅聖俞大雨見寄〉中：「嗟我來京師，庇身無弊廬。閭坊儌古屋，卑陋雜裡閭。鄰注湧溝竇，街流溢庭除。出門愁浩渺，閉戶恐為瀦。牆壁豁四達，幸家無貯儲。蝦蟆鳴灶下，老婦但欷歔。」京官不能攜家帶口住單位，自己又拿不出錢來買房，也不能長期住朋友家，所以租房是唯一選擇。當時歐陽修三十歲左右，我們可以說年輕人吃點苦也是應該的，誰沒有過不堪回首的青春歲月呢？然而，歐陽修無房戶的狀態一直持續了至少十餘年。

42 歲那年，歐陽修才狠了狠心湊了點錢，在潁州（今安徽阜陽）西湖邊上買下一套二手房，年過六旬後他才在潁州修建真正屬於自己的房子。歐陽修在 42 歲之前沒有買房，而且始終沒有在京城置產，原因是多方面的。比如不斷遷謫，工作地很難固定下來；再有他可能並不喜歡汴京，所

以也沒打算買房。但是沒錢買也是不爭的事實。我們看宋人張擇端的〈清明上河圖〉，可以管窺當時的東京汴梁開封府有多繁華。宋初翰林學士、文學家王禹偁形容汴京房地產業說：「尺地寸土，與金同價，非熏戚世家，居無隙地。」即便北宋文官地位、收入相對較高，但歐陽修想在京城買房置地也非常難。

歐陽子的信仰與操守

蘇軾楷書歐陽修〈豐樂亭記〉宋拓本，遼寧省博物館藏

歐陽修為官清正廉潔，他從不折騰老百姓，更不會拿他不該拿的錢。慶曆新政失敗後，支持范仲淹改革的歐陽修被

貶滁州，他在滁州建豐樂亭以示與民同樂之意，並作〈豐樂亭記〉說：「因為本其山川，道其風俗之美，使民知所以安此豐年之樂者，幸生無事之時也。」百姓安享豐年的歡樂，就是他作為滁州太守的最大的歡樂。他曾經寫信告誡做官的堂姪：「汝於官下宜守廉，何得買官下物？吾在官所，除飲食物外，不曾買一物，汝可觀此為戒也。」為了守住廉潔的底線，除了飲食這樣的日常生活必需品，竟什麼都不買，令人欽佩。另外歐陽修的家族情結非常重，他不僅重修家譜，創立了以圖表譜式並被大夫士家廣泛採用，而且長期資助江西老家的族親和後輩，所以自己的薪水也剩不下多少。後來手頭稍稍寬裕的時候，省下點錢買的也是當時並不值錢的金石拓片。（蘇軾楷書歐陽修〈豐樂亭記〉宋拓本和歐陽修行書〈歐陽氏譜圖序〉草稿墨跡均在「唐宋八大家主題文物展」中展出。）

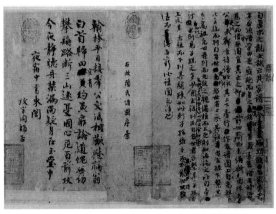

歐陽修行書〈譜圖序稿並詩〉墨跡，遼寧省博物館藏

當地方官是這樣，在朝廷擔任要職時更是如此。他主持國家最高等級的人才選拔考試時，嚴格遵守唯才是舉的原則，從未有徇私行為。當時閱卷和現在一樣，要把考生姓名封起來，所以當他看到蘇軾的文章寫得最好，以為是自己學生曾鞏的卷子，為了避嫌給了個第二名。名字揭開，他才知道是蘇軾，他說感嘆說：「看來我這個前浪要給後浪讓路了，許多年後沒人記得我歐陽修，但天下人都會知道蘇軾。」當時蘇軾初出茅廬，不過二十出頭，但歐陽修絕無不甘與失落，他一生熱衷於提攜後輩，說此話時他的心情顯然是激動的。這件事就發生在歐陽修寫〈秋聲賦〉的那兩三年內。

以上這些經歷總結起來，不難發現歐陽修所作所為都是在恪守儒家文化的要求：修身，齊家，治國，平天下。所以你說這樣一個人，會透過蕭瑟秋風表達消極與苦悶嗎？恰恰相反，能在人生的得意之時，借由一葉枯榮去反思宇宙，反思生命，反思自然萬物發展變化的規律，這是只有偉大的思想家才能做到的事情。在〈秋聲賦〉的結尾，歐陽子說：「既然如此，我們為什麼非要以並非金石的肉身，去和草木那樣爭一時榮盛呢？芸芸眾生應該反思，究竟是什麼原因給自己造成了傷害，又何必怨恨這秋聲呢！」這不是消極，也不是苦悶，而是在強調：紅塵擾攘，應當把有限的精力放在有意義的事情上去，不要做無調的犧牲。

值得注意的是，這些話歐陽修都是對書童說的，說到這裡他見書童好久不作聲，轉頭看書童，原來書童早已垂頭睡去。呵呵，這寂寥的夜啊，只我一個人醒著……

一鳥不鳴山更幽

——〈鐘山即事〉與王安石

王安石（1021 − 1086），字介甫，號半山，

臨川（今江西撫州市臨川區）人，

又稱王臨川、「拗相公」。

北宋著名思想家、政治家、文學家、改革家。

唐宋八大家之一，創立荊公新學，推動儒學發展。

諡「文」，故世稱王文公。

2021 年，是十一世紀偉大的思想家、政治家、文學家、改革家，唐宋八大家之一王安石降誕華夏大地的第一千個年頭，在遼寧省博物館「山高水長——唐宋八大家主題文物展」中品讀王安石，具有特別的意義。同時代的文化領袖和知遇前輩歐陽修稱讚王安石：「翰林風月三千首，吏部文章二百年。老去自憐心尚在，後來誰與子爭先。」後世的國學大師梁啟超評價王安石說：「若乃於三代下求完人，惟公庶足以當之矣。悠悠千年，間生偉人，此國史之光……」按照美籍華裔歷史學家黃仁宇的分析，王安石的思想太超前，理論上他可以把中國歷史一口氣提前 1000 年。

對於這樣一位傑出人物，我很想走近他、了解他，而他身後九百多年間爭議從未平息，他甚至在生前就一度背上禍亂天下的罵名，這更增加了這位大宋豪傑的神秘色彩。

長大後我就成了你

提起王安石，很多人會覺得，很熟啊！不就是小時候我們口中「牆角數枝梅，凌寒獨自開」那個王安石嗎，不就是長大了我們心中「春風又綠江南岸，明月何時照我還」那個王安石嗎，不就是高中國文課本裡遊完了褒禪山寫篇日記還要我們背誦那個王安石嗎？不就是歷史書上和砸缸的司馬光打架難分勝負那個王安石嗎？沒錯，就是他！事實上，關於王安石值得我們了解的遠不止這些。

王安石的先祖來自士族豪門太原王氏，知道了前面柳宗元的身世之後對這個家族不會陌生了吧，王安石和柳宗元五世叔祖奶奶王皇后同宗。不用說，王安石祖上也是世代為官的。王安石的曾祖王永泰在後晉時期高中進士後，官拜職方員外郎，入宋以後由山西太原搬遷到了江西臨川，這也就是王安石又以籍貫稱王臨川的由來。王安石的父親王益進士出身，官至江寧通判，相當於南京副市長。17歲時，王安石走出臨川，隨父親來到江寧府生活。繁華的古都金陵給了少年王安石很大的衝擊，王安石就此與南京結下不解之緣。兩年後，王益不幸病逝在任上，葬於南京中華門外牛首山。王安石就在城東的鐘山埋頭讀書，為父親守孝。

就在范仲淹的新政即將在全國推行的時候，也就是慶曆二年（1042年），一位二十出頭的青年登進士甲科，他就是王安石。那一年，被王安石稱為「一世之師」的范仲淹53歲，在青年學生王安石眼裡，他就是泰山北斗，就是自己一生的精神導師。王安石以范仲淹為榜樣，心憂天下，後來成為北宋名相，整個職業生涯都致力於國家的改革圖強。

半山園的隱居歲月

王安石一生三次執政江寧，兩次以江寧府尹也就是南京市長的身分出任宰相，開展轟轟烈烈的變法運動。北宋熙寧九年（1076年），王安石第二次罷相後，判江寧府。次年，

王安石主動請辭，在鐘山（今紫金山）南麓江寧府東門外（位於今中山門北側）築園隱居。因那裡正好位於出東門去往鐘山的半路，故起名為「半山園」。

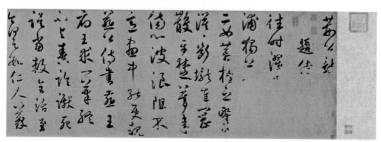

元鮮於樞行草〈王安石雜詩卷〉墨跡卷首，遼寧省博物館藏

鮮於樞行草〈王安石雜詩卷〉中〈示元度〉部分

王安石把江寧視如第二故鄉，對鐘山更是情有獨鍾，在他的詩文中經常能遇到這兩個地方的名字。比如他在〈示元度〉中說：「今年鐘山南，隨分作園囿。鑿池構吾廬，碧水寒可漱。」全詩講述的就是他在半山園的日常生活，鑿池種樹養魚餵鳥，忙得不亦樂乎。元度就是蔡卞，是王安石的得意門生及乘龍快婿。蔡卞的另一個身分是《水滸傳》裡被演繹的「奸相」蔡京的親弟弟，但他為人正直、勤政愛民，和哥哥不太一樣。元代書法家鮮於樞抄錄王安石四首雜詩，合

為一卷，即流傳至今的鮮于樞草書〈王安石雜詩〉卷，就包括這首〈示元度〉，今藏遼寧省博物館。在唐宋八大家文物展中，與鮮于樞草書〈王安石雜詩〉卷同時展出的，還有館藏元代書畫家、趙孟頫之子趙雍的〈墨竹圖〉。趙雍的母親管道升也是名門才女，字畫詩詞皆精。所以趙雍自幼受家庭藝術氛圍的薰陶，書畫造詣頗高，作品筆力精湛、格調高雅。當年他模仿父親的筆跡抄經，外人根本看不出來。在〈墨竹圖〉卷尾，趙雍自題王安石〈鐘山即事〉詩：

澗水無聲繞竹流，竹西花草弄春柔。
茅簷相對坐終日，一鳥不鳴山更幽。

已經一身布衣的退休宰相，此時已經不用再為國家大師憂慮，眼中是青山、竹林、溪水、茅簷，坐在院子裡發呆，一愣神就是一天。然而，曾經以氣吞萬里的豪情吟誦「不畏浮雲遮望眼，自緣身在最高層」的王安石，真的了無掛礙了嗎？他為什麼發呆，只是無聊嗎？此詩最後一句「一鳥不鳴山更幽」顯然化用了南北朝詩人王籍的「蟬噪林逾靜，鳥鳴山更幽」，但後人多認為其意境大打折扣，因為原詩句運用了反襯的手法，凸顯山林的幽靜，而到了王安石這裡鳥也不鳴了，什麼聲音都沒有，毫無意趣。對此論點，筆者不以為然。

一鳥不鳴山更幽——〈鐘山即事〉與王安石

元趙雍〈墨竹圖〉（自題王安石〈鐘山即事〉詩），遼寧省博物館藏

隱鐘山十年後的元祐元年（1086年），王安石病逝，保守派上臺，新法皆廢。新法自頒布起在半個世紀裡啟用廢止反反覆覆，它到底是能夠興國還是會導致亡國，北宋的政治家們就此展開了激烈的博弈。王安石逝世整整四十年後，西元1126年冬，金兵攻破汴京，徽欽二帝被擄，北宋的統治戛然而止，史稱「靖康之變」。荊公《桂枝香‧金陵懷古》詞云：「念往昔、繁華競逐。嘆門外樓頭，悲恨相續。千古憑高，對此謾嗟榮辱。」悲恨榮辱，又何止是「六朝舊事」？此時我們再讀他的〈鐘山即事〉——「茅簷相對坐終日，一鳥不鳴山更幽」！難道不是什麼聲音都沒有才更可怕嗎？有鳥鳴是詩意，是靜謐；一鳥不鳴是死寂，是驚悚。我們不能就此斷言王安石預見了亡國的悲劇，但是作為一個改革派政治家，能夠看到國家潛伏的重大危機並不困難，否則再無聊也不會一整天發呆。更何況，王安石還是一位具有敏銳洞察力的思想家。

用荊公新學改造國家

我們知道，兩宋是中國思想史上風起雲湧、群雄競逐的時代。在那個時代，作為官至宰相推動國家改革的政治家，還能建立自己的思想體系，是非常了不起的。王安石受到范仲淹首倡的慶曆學風的深刻影響，同樣反對儒經的章句傳注，主張詮釋義理。

儒學自誕生起便有兩種並行的價值取向：一是理想主義，二是經世傳統。理想主義的儒學重視倫理，更多是一種精神追求；經世傳統的儒學注重實用，更多強調用知識改變世界。二者就此消彼長，在不同歷史時期呈現出不同的作用。在理想與經世之間，王安石選擇了後者。王安石認為，儒學的本質在於經世致用，盛世那些賢德的帝王都會用儒家經典來培養國家的人才；世道衰落的時代就會有歪理邪說蠱惑民眾，孔孟儒家經典的精髓要義在秦始皇焚書之後失傳了，對章句的零碎注解讓人越來越迷惑，因此要重新闡明儒家經典的義理，消除人們對經典的錯誤理解，從而使經典成為人們約定俗成的規範。所以他才會打起「周公遺法」的旗號，進行「托古改制」，才有了眾所周知的王安石變法。

王安石覺得，讀書是為了改變社會、影響世界、創造未來，否則就沒有意義。讀書人以天下為己任，學以致用，不做書呆子，這是對的。然而，他透過行政手段，把他的學術

觀點作為學校教育和科舉考試所必須遵循的大綱,「諸生一切以王氏經為準」,若有士子在考試中仍使用唐儒舊注疏,則盡皆剔除不錄。這使他飽受非議,被認為是學術專制、限制思想自由。這也與他本人性格固執有很大關係,明末馮夢龍纂輯撰的《警世通言》中有〈拗相公飲恨半山堂〉,說「因他性子執拗,佛菩薩也勸他不轉,人皆呼為「拗相公」。儘管在方式方法上有瑕疵,但從歷史的長遠視角看,王安石對儒學發展的貢獻是不可磨滅的。他博採百家之長,援法入儒,主張適應時代的變化而革新禮法。他創立的思想體系被稱為荊公新學,是宋代官方第一個被認可並推行的儒家義理之學,風行六十年,從而奠定了義理之學在儒學史上不可動搖的地位,為後來影響中國文化八百年的程朱理學的創立開闢了道路。

荊公新學進一步發展了儒家學問,發揚光大了儒學的經世傳統。用自己的理論改造國家,這可以說是全世界思想家、哲學家都夢寐以求的事情,也是孔子創立儒學之後的中國絕大多數儒者難以企及的。從先秦到北宋,能達到這一層次的思想家可以說是鳳毛麟角,算起來不外乎李斯、董仲舒等極少數人。

相見，不如相忘於江湖

——《三字經》與蘇洵

蘇洵（1009～1066），字明允，自號老泉，

眉州眉山（今屬四川眉山）人。

北宋文學家、歷史學家，蜀學開創者。

與其子蘇軾、蘇轍並稱「三蘇」，

均被列入「唐宋八大家」。

《三字經》有云：「蘇老泉，二十七。始發憤，讀書籍。彼既老，猶悔遲。爾小生，宜早思。」說的是蘇老泉少年時代不愛讀書，到處遊走，到了二十七歲才決心讀書，想起自己年少輕狂遊戲人間頗有悔意。這幾句意在勸勉年輕人，讀書這件事要早做打算。這裡的蘇老泉就是蘇軾的父親蘇洵，不知是不是因為讀書讀晚了，蘇洵前半生屢試不第，是唐宋八大家中唯一沒有功名的一位。[1] 大概也是吸取了自己的教訓，他對孩子的教育非常成功，蘇軾與蘇轍兄弟在自己的人生中都取得了非常大的成就。

放棄功名，做一個純粹的讀書人

蘇洵的父親蘇序是一位開明鄉紳，性情豁達，樂善好施，雖無意科舉，卻不輸學問。他醉心詩文，一生寫過幾千首詩。蘇洵作《蘇氏族譜》描述父親說：「晚乃為詩，能自道，敏捷立成，凡數十年得數千篇，上自朝廷郡邑之事，下至鄉閭子孫畋漁治生之意，皆見於詩。觀其詩雖不工，然有以知其表裡洞達，豁然偉人也。」父親健在時，少年蘇洵沒有養家之累，四處遊歷，並且和他的父親一樣喜歡用詩記錄自己的生活。他在峨眉山、青城山、廬山等名勝之地都留下

1　有論者認為蘇老泉指蘇軾而非蘇洵，筆者認為蘇軾與其父蘇洵大概都有老泉之號，而蘇軾 22 歲就已經中進士了，此處言 27 歲才發憤讀書的事蹟當指蘇洵。

了足跡和詩篇。如他在〈憶山送人五言七十八韻〉詩中云：「少年喜奇跡，落拓鞍馬間。縱目視天下，愛此宇宙寬。岷峨最先見，晴光壓西川。」

慶曆七年（1047），蘇洵舉進士及茂才異等皆不中。從18歲第一次參加進士考試到年近不惑，蘇洵一路落第，他決意放棄功名。蘇洵的求學經歷乍一聽起來算不上典型的勵志故事，不是幡然悔悟之後金榜題名的橋段，最後他選擇了放棄。然而，在人生的旅途上並不是只有一條通天大路可走，上帝關上了這扇門，就一定會為你打開一扇窗。儘管歐陽修主管進士考試之後的科場呈現了新的氣象，但這種考試本質上還是在一定條框約束下的標準化水準測試，永遠不可能和每一位考生真正的學識、能力完全畫等號。蘇洵於是盡毀前文，決心做一個純粹的讀書人。此後的蘇洵，通六經之學，曉百家之說，因此後來才有了以「三蘇」和「唐宋八大家」的組合名揚天下的老蘇，才有了文筆縱屬雄奇、文風氣勢宏偉的千古文章一大家。

在自己讀書、做研究的同時，蘇洵還把很大一部分精力放在了下一代的教育上。放棄科舉十二年後的嘉祐四年（1059），金秋十月，蘇洵攜全家離開眉山老家前往汴梁，去到他青少年時代多次趕考的京城，主要是為了帶著孩子遊學。這次先是南行，自眉山沿岷江而下，於同年十二月初到達江陵，並在江陵過了年；第二年（1060）正月初五，一

家人從江陵出發，陸行北上，於二月十五日到達京城。蘇洵旅行寫詩的習慣深深影響了蘇軾、蘇轍兄弟，他們一路彈琴吟詩。走了將近半年，父子三人自眉山至江陵賦詩百篇，結為《南行前集》，由蘇軾作《敘》；自江陵至京城賦詩73篇，結為《南行後集》，由蘇轍作《引》（已佚）；合稱《南行集》，共一百七十三篇。可以說，蘇軾、蘇轍後來大有所成與父親蘇洵的言傳身教有著密切的關係。

備受禮遇，憑實力 C 位出道

抵達京師後，蘇洵拜見了歐陽修。蘇洵如何能以一介布衣的身分得到位高權重的文壇領袖的接待呢？原來此時的蘇洵經過十餘年讀書為文，已經在蜀中地區聲名遠播，當時在益州（今成都）做知州的張方平十分看好蘇洵，認為他是高賢奇士。儘管張方平本與歐陽修有齟齬，但為了給國家選拔賢才，他還是放棄個人恩怨向歐陽修引薦了蘇洵。

歐陽修也沒有抱著對張方平的任何成見，認真看了蘇洵帶來的《權書》、《衡論》、《機策》等二十餘篇文章，著名的《六國論》就是《權書》十篇之一。讀罷，歐陽修感到先秦策士之風從字裡行間撲面而來，這正與他一直積極宣導的古文精神不謀而合，於是立即向仁宗皇帝上奏《薦布衣蘇洵狀》，力陳道：「其人文行久為鄉閭所稱，而守道安貧，不營仕進，苟無薦引，則遂棄於聖時。」言外之意，這樣的人

才如果得不到啟用那麼皇上何以談聖明？這簡直是把皇上逼到了道德的牆角。在奏摺中，歐陽修還闡述了蘇洵的文章為什麼寫得好的原因。那就是他科試不中「遂退而力學」，這種發自內心熱愛而進行治學的狀態，使得「其論議精於物理而善識變權，文章不為空言而期於有用」。

歐陽修不僅自己禮遇蘇洵，還把蘇洵拉到他的「群」裡，讓蘇洵結識了樞密使韓琦、宰相富弼、文彥博等人。在歐陽修、韓琦等人不遺餘力的舉薦下，蘇洵被直接任命為秘書省校書郎，後來任霸州文安縣主簿，不久又被調回朝廷與歐陽修一起修撰《太常因革禮》，這是現存關於中國古代禮儀制度的一部重要的典籍。

清拓蘇洵〈致提舉監丞尺牘〉，遼寧省博物館藏

用平步青雲來形容蘇洵入仕的經歷毫不為過，然而此時的蘇洵早已不是年少輕狂不拘禮法的浪子，越是站得高越是心懷謙卑。蘇洵文章寫得縱橫捭闔、恣意汪洋，但是現實生活中卻謹言慎行，有禮有節，這在他的日常信札中可見一

斑。蘇洵有行草書〈致提舉監丞尺牘〉（又稱〈道中帖〉〈與提舉書帖〉）與〈陳元實夜來帖〉墨跡傳世，今藏臺北故宮博物院。此次遼博「唐宋八大家主題文物展」展出了〈致提舉監丞尺牘〉的清代刻拓本。蘇洵雖不以書法名世，但其書跡卻並不流俗，行筆意蘊生動，風格灑脫飄逸，呈現出鮮明的自我表達意識。蘇洵這份尺牘的大意是說：

我聽說你來，昨天在路上就急忙給你發了「電郵」，正在因倉促為之而怕你怪罪。你派人送信來，我敬謹承奉，接受教誨，滿紙可見君之眷顧慰藉，我萬分感動，甚至極為慚愧。這邊早上天氣涼，我特別擔心你的身體，盼你一切都好。我最近就是因為天氣問題害病了，中了暑熱之邪，身體和心情都不在狀態。我之所以沒有第一時間趕去看你，也是害怕到那邊都是熟人免不了應酬。你對兄弟我掛懷於心，我蒙受厚愛，恨不得長翅膀飛過去看你，怎奈身體不爭氣！客套話就不多說了。聽說你也不是很舒暢，畢竟是冒著酷暑跑長途，有些路段還因為大雨封了「高速」，恐怕今晚也不能到地方。要是勞煩君大駕蒞臨，還不如昔日我們不認識時自己玩自己的，那樣多逍遙自在是不是！好在二十天後我們就可以在鄱陽相聚，到那時再侍奉尊長，向您詳細彙報近況。

這封信大概是講一位友人要借出行之機轉道來看蘇洵，蘇洵身體欠佳不想見，於是婉言告謝，為避免發生誤會，言辭極為恭謹懇切，甚至感人至深，可以說生動地演繹了「拒絕的藝術」。「虛煩大斾之出，曷若相忘於江湖？」估計那位朋友讀了信會比蘇洵所說的還要慚愧了。

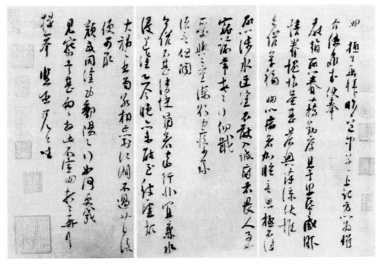

宋蘇洵行草書〈道中帖〉尺牘，臺北故宮博物院藏

沒有學位，亦是百代景仰的大家

正是追隨本心的博覽群書、發憤治學，以及這樣謙卑、低調的修為，成就了蘇洵後半生卓然獨立的成就。他曾經闡釋《太常因革禮》中〈纂集故事〉之主旨說：修纂禮書是遵照史書的體例，客觀記錄史事，不評論善惡，讓後人自己去

判斷；大宋開國以來的儀制及儀例可能存在不合禮制或錯誤的，但是同樣要以存一代之制而全部記載，避免殘缺不全；本朝先世若有過錯差池並不足以損害聖明的，都要記載下來，使後世人們盡可能見到歷史真相。這樣的修史原則放在今天也是相對進步的。

書成不久，蘇洵就病逝了。歐陽修稱蘇洵為「君子」，其為蘇洵作墓誌銘云：「其存不朽，其嗣彌昌。嗚乎明允，可謂不亡。」作為蜀學的開路人，思想家蘇洵在史學、易學等方面都頗有建樹。他做學問講「求真」與「致用」，主張將史學與社會現實問題聯繫起來，從而使其史學研究具有更大的現實意義；同時援史入《易》，以具體的史料印證《周易》當中的卦爻辭，打通易學與史學之間的壁壘，在中國傳統史學與易學的發展中，蘇洵是繼往開來的重要人物。

清刻王相〈三字經訓詁〉，遼寧省博物館藏

歐陽修說蘇洵的精神將是不朽的。沒錯，蘇洵大概不會想到，他死後若干年，會成為婦孺皆知的「國家全民閱讀形象代言人」、最美領讀者。《三字經》內容涵蓋文學、歷史、哲學、天文地理、人倫義理等多種中國傳統文化知識，千百年來家喻戶曉。傳為宋儒王應麟原著，後來又經過王相、賀興思及章太炎等學者的訓釋、校訂和增改、完善，成為中國的傳統啟蒙教材。在遼寧省博物館唐宋八大家主題文物展中，展出了清代王相《三字經》訓詁的刻本一卷。民間有「熟讀《三字經》，可知千古事」的說法。這樣官方和民間都認可的文化經典，能夠收入蘇洵的讀書事蹟，可以說是對老泉先生的最高褒獎了。

萬里歸來顏愈少，此心安處是吾鄉
——〈陽羨帖〉與蘇軾

蘇軾（1037～1101）字子瞻，號東坡居士，
世稱蘇東坡、坡仙，眉州眉山（今四川眉山）人，
北宋著名文學家、思想家、
書法家、畫家、美食家、水利專家。
一代文豪，諡號「文忠」。

北宋嘉祐二年（1057），22 歲的蘇軾進士及第。參加瓊林苑宴時，他與鄰座的陽羨籍進士蔣之奇聊天，聽蔣同學介紹「我和我的家鄉」，蘇軾不禁對陽羨心生嚮往，於是與蔣相約「同卜居陽羨」。[1] 熙寧七年（1074），被派往潤州督導賑災的杭州通判蘇軾在返回杭州途中，取道常州，初遊陽羨。蔣同學所言非虛，陽羨的風物人情給蘇軾留下深刻印象。他覺得這就是將來理想的人生歸宿地，寫下了〈常潤道中有懷錢塘寄述古五首〉，對朋友說，我要賣劍買牛在此地耕種終老，我將殺雞煮飯請你來玩耍，總之就是想一輩子留在這了！

我還是從前那個少年，沒有一絲絲改變

陽羨是哪呢？大約就是今天的宜興，北宋時就已經叫宜興了，屬常州管轄，陽羨是秦漢時期的舊稱。十年後，蘇軾終於縮短了現實和夢想之間的距離，他在陽羨買了地。宋神宗元豐七年（1084）正月，蘇軾因烏臺詩案被貶黃州第五個年頭，神宗不顧朝臣阻撓手書詔令，決定把蘇軾調到汝州。汝州離京師較近，生活環境要比黃州好得多，這顯然是神宗在為重新起用蘇軾做鋪墊。調蘇軾到汝州並不授實權，在人事管理上還是謫貶的屬性，這樣頑固派也不好過分反

1　元豐七年（1084）秋，蘇軾離開金陵經真州（今江蘇儀征市）時，作〈次韻蔣穎叔〉，他於詩中自注：「畫蔣詩記及第時瓊林宴坐中所言，且約同卜居陽羨。」

對，可見神宗的用心良苦。

　　蘇軾在黃州已經做好了終老此生的準備，經過四年的淬鍊與沉澱，彼時他已經和黃州融為一體，他已經從蘇軾蛻變成了蘇東坡。所以當他接到皇帝的詔令，一時間悲喜難以言說。終究還是要走，儘管捨不得。那年春天，蘇軾結束了人生中最重要的黃州四年的生活，東坡先生永遠離開了那個重生之地，舉家奔赴汝州。夏天的時候，蘇軾一家到達金陵。蘇軾當然要去半山園打卡，拜訪曾叱吒風雲近二十年的王安石。在偉大的靈魂之間，政見的異同不影響私人友情。儘管蘇軾當年曾多次上書反對變法，但是烏臺詩案發生後，已不在位的王安石仍然仗義執言，上書皇帝力保蘇軾。在半山園，兩人把酒言歡，王安石還勸蘇軾定居金陵和他做鄰居。數日後，蘇軾拜別王安石，繼續趕路。

宋蘇軾行書〈楚頌帖〉卷（局部），徐州博物館藏

　　當年秋天，蘇軾抵達陽羨，既然黃州並不是生命終結之地，那麼陽羨夢就又縈繞心頭了。在友人幫助下，蘇軾購置了田產。命運之神對他說：「『詩』你當然自己搞定，我可以讓你在『遠方』擁有一棟房子，儘管不是面朝大海，但春暖

花開不是問題！」在陽羨逗留十餘天，蘇軾寫下了著名的〈楚
頌帖〉，又名〈種橘帖〉或〈買田陽羨帖〉。文中再一次堅定
地表達了歸老陽羨的願望，甚至暢想了未來的田園生活。

　　隨後，蘇軾在北上的途中兩次上書朝廷，申請放歸陽羨
頤養天年。皇帝最終同意了。第二年（1085）五月，蘇軾正
式開始了在陽羨歸園田居的生活。俗話說，想得美！歸隱山
林的時光僅僅持續了一個多月，蘇軾便接到朝廷命令，要他
赴登州知軍州事。蘇軾遂動身北上，而家眷仍然留居陽羨。
此後，蘇軾輾轉於朝廷與地方之間，先後在杭州穎州揚州等
地任職，期間三度調回京師。宦海沉浮，陽羨始終是夢。

人生在世皆虛幻，不如我們乾了這杯酒吧

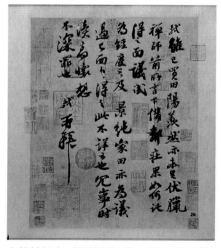

宋蘇軾行書〈陽羨帖〉卷，旅順博物館藏

離開陽羨一年左右的時候，蘇軾曾經寫信給朋友，請其再幫忙於陽羨購置田產。信上說：「軾雖已買田陽羨，然亦未足伏臘，禪師前所言下備鄰莊，果如何，托得之面議，試為經度之。景純家田亦為議過，已面白，得知此不詳云也。冗事瀆高懷，想不深罪也，軾再拜。」這封件信札輾轉流傳至今，就是著名的〈陽羨帖〉。該帖為行書紙本，全文 68 字，與來覆的跋文合裱一卷，為旅順博物館所藏，在遼博「唐宋八大家文物特展」展出。這封信的核心內容是請朋友幫忙「續於陽羨買田事」，除了藝術價值，還有重要的文獻價值。

　　離開陽羨九年後，北宋哲宗紹聖元年（1094）的四月，第三次調回朝廷的蘇軾又因遭多人彈劾而被削去端明殿學士官職，並被調離京城北上定州做知州。但檔還沒發到蘇軾本人手上的時候，第二道任命書又來了，命他以「左朝奉郎」的身分去嶺南英州主事。緊接著又來了補充檔：降為副六品的左承議郎。蘇軾趕緊又南下，結果走到襄邑（今河南睢縣）遇大雨不能繼續行進，於是在驛站裡書「洞庭中山二賦」述懷，蘇軾時年 59 歲。

宋蘇軾行書〈洞庭中山二賦〉卷，吉林省博物院藏

此二賦即〈洞庭春色賦〉和〈中山松醪賦〉。因二賦合卷，所以稱「洞庭中山二賦」。此件作品前後總計 684 字，為所見其傳世墨跡中字數最多者。這件書法作品結構謹密嚴整，點畫操控自如，結體短肥，奇正得宜，論者言其「精氣盤郁豪楮間」，「真如獅蹲虎踞」，是蘇軾晚年的代表作。可惜的是，我們現在看到的這幅真跡，卷前隔水、引首在散失時被人撕掉，造成殘損。這件作品藏於吉林省博物館，在「唐宋八大家文物特展」中展出了二十天。

「洞庭春色」和「中山松醪」實為酒名，所以這兩篇賦，寫的都是酒。已知天命將近順耳之年的蘇軾說，人生在世皆虛幻，世界再大也不過是宇宙中的一個斑點，不如我們乾了這杯酒吧……實際上蘇軾最後也沒有到英州，當他拖家帶口來到安徽當塗時，新的檔又來了：貶為建昌軍司馬，常駐惠州。繼續走，到廬陵，蘇軾遭遇朝廷五改詔令，貶寧遠軍節度副使，仍在惠州安置。蘇軾的人生裡，這才有了四年的惠州生活。

1098 年，63 歲的蘇軾再貶儋州。兩年後，65 歲的蘇軾被允許北歸。然而走到常州的時候，東坡先生再也走不動了，倒在他一生摯愛的熱土，享年 66 歲。此時，生活窘迫

的蘇軾在陽羨已無田產，無處安葬。「是處青山可埋骨，他鄉夜雨獨傷神。」臨終前，蘇軾留下遺囑給不在身邊的弟弟蘇轍：「即死，葬我嵩山下，子為我銘」。

他將所有的悲歡，作為自己生命哲學的注腳

我們現在說到歷史上這些入仕的文人，知道他們是做官的，有的還官做得很大，所以印象裡總是覺得他們大部分時間裡生活很滋潤。被貶了也是官啊，有職權、吃皇糧，總不會差到哪裡去吧。蘇東坡還有「資深吃貨」的美名以及交往歌妓的花邊新聞，被貶出京山高皇帝遠整天就是玩兒，一會兒「老夫聊發少年狂」，一會兒「我欲醉眠芳草」，詩酒風流、逍遙自在不過如此嘛！

事實還真不是如此。蘇東坡在貶謫黃州等地的歲月裡，不僅沒有實際權力，也沒有俸祿，相當於僅僅保留人事關係，停薪斷奉，留用察看。不但沒有收入，連宿舍都不提供，蘇軾剛到黃州的時候住在定惠院，所以才有機會寫下：「缺月掛疏桐，漏斷人初靜。誰見幽人獨往來，縹緲孤鴻影。驚起卻回頭，有恨無人省。揀盡寒枝不肯棲，寂寞沙洲冷。」這樣絕美的詩篇並不是夜深人靜躺在沙發上喝著優酪乳刷手機時隨性而為，而是在寄人籬下過了今夜不知明天的早餐在哪裡的狀態下寫的。2020 年秋，在北京故宮舉辦的《千古風流人物：故宮博物院藏蘇軾主題書畫特展》上，我

125

見到了蘇軾〈定惠院二詩草稿〉卷的明清之際摹本，墨跡經過了反覆塗抹修改，可見坡仙寫詩也是要經過琢磨推敲，才最終定稿。

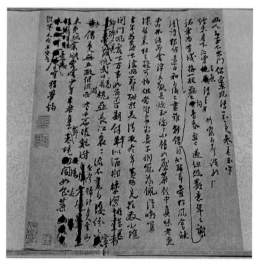

明清摹蘇軾〈定惠院二詩草稿〉卷，故宮博物院藏

蘇軾還不是一人吃飽全家不餓的單身漢，他當時拖家帶口上上下下總共二十多人，二十多張嘴等著吃飯。他之所以在黃州東郊山坡開墾荒地，為的就是二十多口人不餓死，「東坡居士」這個號，你以為充滿風雅，其實全是血淚和辛酸。後來他的一個兒子還是死了。他申請退居陽羨時，上書對皇帝說：「自從離開黃州，舟車勞頓，路途艱辛，全家人都染了重病，已經死了一個兒子。原來的積蓄也花光了，吃穿用度已經接續不上。我現在到泗州了，裡汝州遠著呢，現在沒

地方住、沒食物吃，二十多口人飢寒交迫不知該怎麼辦……我在陽羨有幾畝地，不如您讓我就此養老去吧！」大概皇帝一看也的確是太慘了，所以才勉強同意吧。

透過〈陽羨帖〉，我們看到蘇軾想繼續在陽羨續買田其實是生計所需，與年輕時「買田養老」的詩與遠方沒有任何關係。記得那人同坐，道說家鄉好風光。人生海海，恍如隔世。然而，以蘇軾為代表的中國古代文人士大夫的偉大就在於，即便如此也依然笑對生活。蘇軾具有極強的自我調控能力，他內在的強大磁場能化解心靈所受到的一切侵蝕，將所有的悲歡作為自己生命哲學的注腳。從譽滿京城風光無限的大才子，到看過地獄回來的謫居罪臣，蘇東坡一笑而過，回過神來，接著奏樂接著舞。正因如此，才有了中國古代文化史上偉大的詩篇、偉大的藝術，偉大的靈魂，以及偉大的精神豐碑。

桃李春風，不只是一杯酒

——〈君宜帖〉與黃庭堅

黃庭堅（1045～1105年），字魯直，號山谷道人，
晚號涪翁，洪州分寧（今江西修水）人，
北宋著名文學家、書法家，江西詩派開山之祖，
與杜甫、陳師道和陳與義合稱「一祖三宗」；
「蘇門四學士」之一，書法名列「宋四家」。

明代文學家魏學洢有一篇散文叫〈核舟記〉，寫的是雕刻家王叔遠用一顆桃核雕刻了一隻小船，詳細描寫核舟的形狀、構造以及舟上的人和物等，表現了作者對其精湛技術的讚美和對民間藝術的讚揚，反映了中國古代雕刻藝術的偉大成就。文章說：「船頭坐三人，中峨冠而多髯者為東坡，佛印居右，魯直居左。蘇、黃共閱一手卷。東坡右手執卷端，左手撫魯直背。魯直左手執卷末，右手指卷，如有所語。」三個人是好朋友，魯直就是黃庭堅。

兄弟我昨晚喝斷片了

「俯仰之間已陳跡，暮窗歸了讀殘書。」、「桃李春風一杯酒，江湖夜雨十年燈。」、「春歸何處？寂寞無行路。」、「平生個裡願懷深，去國十年老盡少年心。」、「灑淚誰能會？醉臥藤陰蓋。人已去，詞空在。」讀了這些句子，我們自然會聯想到，作者應該是一個深沉的人、嚴肅的人、飽經滄桑不苟言笑的人。

然而並不是。就是這個寫出這麼多深邃詩句的人，在現實生活中非常幽默、率真、無厘頭。他喜歡水仙花，友人送花索詩，他說：「此曹狡獪，又頻送花來促詩⋯⋯」於是就寫了。他把自己的詩結集成冊，還不忘在後記中毫不謙虛地表揚自己的書法水準：「數百年來，懂草書的也就張旭、懷素和我三人！」他路過佛塔被宗教氣氛感染，就在佛前立下

誓願說：「我發誓要戒酒戒色，好好讀書寫字！」這個人就是黃庭堅，字魯直，號山谷道人，北宋著名文學家、書法家。他是盛極一時的江西詩派開山之祖；與張耒、晁補之、秦觀遊學於蘇軾門下，合稱為「蘇門四學士」，更與蘇軾齊名，並稱「蘇黃」；其書法獨樹一幟，為「宋四家」蘇黃米蔡之一。[1]

他經常和朋友喝大酒喝到「斷片」。[2]有一次酒醒後給朋友發短消息說：「昨晚在君宜家喝酒，哥幾個虐我，喝大了，整到最後說都不會話了，今天早上起來腦袋還混醬醬的。那個淨人（佛教俗家弟子）真能嘮，咱們幾個從前那些糗事都翻出來抖落一遍，感慨啊，慚愧啊！不管怎樣，總的來說一切都還好。今早也喝不下粥了，不如你過來，晚一點兒咱倆整鍋菜肉燜飯，帶著你新製的七弦琴，給我醒醒酒，怎麼樣？另外東坡那幾本書借我看看，嗯嗯。」記錄在好友君宜家喝酒的這份信箋現藏北京故宮博物院，名〈君宜帖〉。

1　蘇黃米蔡，北宋四位書法大家，一般指蘇軾、黃庭堅、米芾、蔡襄。
2　斷片，思維意識接不上、出現空白之意，此處形容醉酒後短暫失憶的狀態，在醫學上屬於一種急性酒精中毒。

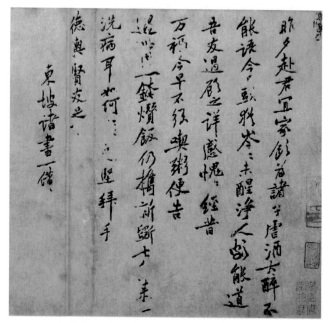

宋黃庭堅〈君宜帖〉頁，北京故宮博物院藏

　　論者常言，該帖因係酒後「大醉」，一宿「未醒」之時所書，所以筆劃與平時有別，頗顯顫抖衰頹，間有殘破處，顯得精神稍遜。我倒不以為然，「與平時有別」可能有，「衰頹」、「殘破」未必，「精神稍遜」更談不上。或者說，以這樣的評語估判這幅字，可能在書法專業理論上沒問題，但我覺得從「人學」的角度看，如此評論是無趣的、乏味的，也是背離黃庭堅的藝術靈魂的。我反而覺得，〈君宜帖〉最後呈現出來這種效果是飄飄悠悠、虛虛實實，煞是生動，透過這樣的抖筆我們隱約看到紙的另一面有個醉眼惺忪的老頭，

打著哈欠蘸著宿墨，伸個懶腰練著他的醉蛇掛樹功。[1]

　　書法作為藝術當然有它自成體系的評價標準，這一點毋庸置疑，但是僅僅以此來了解一件作品、一個書家，似乎還有所不足。對於這些卓然百世的藝術家，我更願意盡可能走近他的生活現場，走進他的內心世界，試著與他的靈魂對話。儘管這很難，甚至是不可能的，但於我來說哪怕只能走近一步，也比隔著堆砌如山的學術話語遠遠觀望更有吸引力。

整個大宋我最服坡仙了

　　〈君宜帖〉最後一句話是：「東坡諸書一借。」看起來應該是德興那裡有幾冊蘇軾的書，黃庭堅想借來一閱。傳世墨跡中，黃庭堅提及蘇軾的作品只有兩件，此為一件，且屬正文內容；另一件是跋蘇軾〈寒食帖〉，現藏於臺北故宮博物院。眾所周知黃庭堅是蘇軾的鐵桿粉絲，兩人交往的佳話非常多，所以在黃庭堅筆下寫出「東坡」二字，則顯得彌足珍貴。這件作品的真跡我正是在 2020 年北京故宮「千古風流人物——蘇軾主題書畫特展」上見到的。

1　蘇軾曾譏笑黃庭堅的字如樹梢掛蛇。

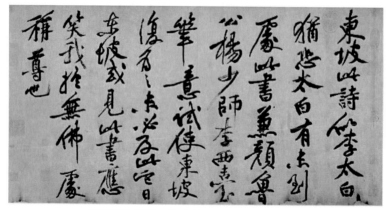

宋黃庭堅跋蘇軾〈寒食帖〉，臺北故宮博物院藏

　　蘇軾第一次見到黃庭堅的詩文就極為欣賞，「聳然異之，以為非今世之人也」；而黃庭堅則一生景仰蘇軾，蘇軾去世時，黃庭堅異常悲痛，他在屋裡懸掛了一張東坡畫像，每天穿戴整齊畢恭畢敬地向畫像焚香施禮。黃庭堅 33 歲就開始和蘇軾通信，討論問題、交流心得，兩人神交長達七年未曾謀面。如此。直到元祐元年（1086），41 歲的黃庭堅與 49 歲的蘇東坡才在「線下」見面。黃庭堅因為仰慕蘇軾加之自己小幾歲，所以尊蘇軾為師。

　　當然，因為這種裙帶關係，黃庭堅也少不了受蘇軾牽連。在變法運動中，黃庭堅和蘇軾一樣是革新派打壓的對象，多次被貶。我們不能就此說黃庭堅的仕途不順就是他追隨蘇軾造成的，以黃庭堅的獨立個性和思想傾向，即便沒有蘇軾他多半也會對變法提出異議。黃庭堅在蘇軾身上也學到

很多東西，比如豁達的性格、在逆境中隨遇而安的精神。

元豐八年農曆的年初，春回大地，桃紅李白。

委身德平的黃庭堅在這個時候想起了好友黃介，上一次在京師相聚已經是十年前的事了，如今天各一方。黃介在四會做縣長，黃庭堅自己原本也在江西某縣任縣長，因拒絕執行新法被貶到這裡當城管隊長。他拿起筆寫了一封信給黃介，從山東德平發往到廣東四會，兩千多公里。信上有一句話後來一到春天就被人念起：桃李春風一杯酒，江湖夜雨十年燈。

頒布新法的是王安石，此刻他正在南京半山園發呆，不知他是否預料到距離自己生命的盡頭還有一年時間；而黃庭堅亦師亦友的知己東坡居士則剛剛離開他的重生地黃州不久，路過南京時還特意看望了已經罷相的王安石，兩人相逢一笑把酒言歡。似乎一切就要好起來了……的確，司馬光上臺後，新法皆廢，黃庭堅被調回朝廷，任校書郎，負責撰修《神宗實錄》。可是元祐八年（1093）哲宗親政後，再次恢復新法，黃庭堅被劃歸元祐黨籍。要治罪處罰就要有罪名，負責審查黃庭堅的就是王安石的女婿蔡卞。蔡卞從黃庭堅所修《神宗實錄》裡搜羅出了千餘條內容，認為是對神宗的誹謗。

黃庭堅於是又兩度被貶，從黔州到了戎州。崇寧元年（1102），蔡卞之兄蔡京為相，發生了著名的元祐黨籍事

件。第二年黃庭堅以幸災謗國之罪除名，外放到廣西宜州接
受羈管。在流放大西南的那些歲月裡，黃庭堅淡然處之，自
號「山谷道人」，工作之餘寫字、作詩、禪修。屢遭貶謫，
親友曾經因為他感到悲傷不平，他卻泰然處之：四海一家皆
兄弟，無處不可寄一夢！這和黃州的蘇軾是有多麼相似，不
同的是蘇軾最終在黃州重生，而黃庭堅在兩年後卒於宜州。

快叫老師我要指點你了

我們常說「文如其人」，實際上這肯定不是絕對的；對
於古代這些著名讀書人而言，相比之下，「人如其書」比「文
如其人」更符合實際情況。寫文章可以在有意無意間隱藏真
實的自我，可是一個人的字卻會洩露很多性格密碼。文章還
要有一定的修辭，不只是語言技巧上的修辭，還包括為了達
到某種功用目的而進行的修辭；形成個人風格後的書法作
品，以及非作品性的日常便箋信札，很能真實反映書寫者的
心境、性格，乃至精神世界，因為這是自然書寫，真正的書
法、好的書法一定是書寫者的精神外化。

黃庭堅的字是外放的，筋脈舒展，以緊收的中宮為原點
向四面放射，有如長槍大戟，鋒芒畢露；黃庭堅的人也是外
向的，是奔放的，是激情四射的。這些性格特徵我們在他的
詩文中並不能輕易讀出來，甚至我們還可能被他那些書生氣
十足的憂傷調調矇騙，以為他多愁善感、不善交際。事實恰

恰相反，書法中的黃庭堅與詩文裡的黃庭堅判若兩人。黃庭堅在現實生活中很開朗，心裡藏不住話，絕對屬於性情中人。想跟朋友要東西就明人不說暗話，遇到好酒就喝到不省人事，瞻仰寶相莊嚴就當場跪倒發願，喜歡誰就說我愛死你了，討厭誰就說你給我滾遠點！

　　黃庭堅喜歡蘇東坡這個大家都知道了，那他討厭什麼呢？他一生最討厭俗的東西，是「反三俗」的急先鋒。他說：「士大夫處世可以百為，唯不可俗，俗便不可醫也」。（黃庭堅〈書繒卷後〉）比如他對學書者言必稱「蘭亭」就很看不慣，說道：「俗書喜作〈蘭亭〉面，欲換凡骨無金丹。」（黃庭堅〈題楊凝式書〉）這大概和後來齊白石所講「學我者生，似我者死」是相通的。黃庭堅當然不是否定「蘭亭」，而是認為不該盲目學古人，要先搞明白我們為什麼臨摹經典。學「蘭亭」也好，學其他法帖也好，不是為了最後寫得有多像——你還能寫多像，能寫得和書聖一樣嗎？別說真跡早就不見了，即便真跡就在眼前你可以臨到以假亂真的程度，那何不複製翻印？顯然這都是捨本逐末、遠離藝術真諦的做法。黃庭堅又說：「承學之人更用蘭亭『永』字，以開字中眼目，能使學家多拘忌，成一種俗氣。」（黃庭堅〈題絳本法帖〉）直接下結論了——俗氣！

　　山谷先生認為，〈蘭亭序〉雖是行楷書的好範本，但不必一筆一畫都作為準則。正如周公、孔子不能沒有過錯一

樣，但小過錯不影響他們的聖明，所以能成為聖人。不善於
學習的人，連聖人的過錯都學，所以容易固守一隅。(參見
黃庭堅〈又跋蘭亭〉)[1]譬如，明代大書家王鐸曾經多次臨「蘭
亭」，但每次寫得都不一樣，更不必說是否像大家印象中的
「蘭亭」了。

明王鐸〈臨褚遂良摹本蘭亭序〉卷，北京故宮博物院藏

學習書法，重點在學古聖賢之精神實質，而不是追求形
似。這裡所說俗氣不是凡俗生活的俗，而是藝術修養上隨波
逐流的俗。生活上俗是接地氣，藝術上俗就是墮落。他之
所以粉坡仙，就是因為蘇東坡可以在生活上俗到家，藝術
上卻無處不是雅的新時代之標竿，書法、繪畫、詩詞皆如
此。黃庭堅在追求雅緻與張揚個性的同時，依然在種水仙、
喝大酒，過著自己想要的生活，酒醒之後吐槽一句：又喝
大了……

正是因為黃庭堅不肯就俗，所以他在詩文創作上也獨樹

1　上段引文及此處原文均見於黃庭堅《山谷題跋》，浙江人民美術出版
社 2016 年版。

一幟，提出「點鐵成金、奪胎換骨」之說，後來成為江西詩派的開派宗師和領袖。他主張寫詩要字字有來處，同時又要去陳反俗，這兩者其實都很難，同時做到更是難上加難。黃庭堅宣導以杜甫為詩祖，又為宋代詩人擺脫唐詩的影子尋找出路。他的詩歌因此取得了卓越的成就，且鮮明地體現了宋詩的美學風範。當時江西詩派成員大多受到黃庭堅指點，詩歌創作多少受其影響。

　　黃庭堅特別喜歡和年輕人交流，常常極為熱心地指點那些文學道路上迷途者。一見到他們，山谷老人就想起自己的青蔥歲月就很著急，恨不得拉過來直接說：「快叫老師，我要指點你了！」在謫居西南的艱難歲月裡，他仍堅持在窮鄉僻壤傳播文化，指導文學青年進行創作，為文學青年講學。他反覆對後輩講讀書的重要性，他認為讀書少會導致目光短淺：「老杜作詩，退之作文，無一字無來處。蓋後人讀書少，故謂韓、杜自作此語耳。」當時的讀書條件和現在比起來完全是天壤之別，閱讀同樣的資料可能要比現在多花十倍以上的功夫。作為學者型詩人，黃庭堅能夠在大量閱讀基礎上，「點鐵成金、奪胎換骨」，成為在北宋詩壇一代文宗，可見其付出的努力有多大。儘管山谷老人好酒、貪玩，但是在讀書上一點不含糊。

太守與民爭利，可乎？

——〈擬峴臺記〉與曾鞏

曾鞏（1019 年～1083 年），字子固，

建昌軍南豐（今江西南豐）人，

北宋散文家、史學家、政治家、教育家、藏書家。

唐宋八大家之一，「南豐七曾」之一。

世稱「南豐先生」，諡號「文定」。

　　北宋慶曆三年（1043），宋仁宗採納副宰相范仲淹的一系列變法主張，推行改革。范仲淹信心滿滿，準備用自己的理論打造一個全新的大宋王朝，史稱「慶曆新政」。然而，不到兩年新政就以革新派主力范仲淹和韓琦、富弼等人相繼被貶而告失敗。身為諫官的歐陽修因支持新政並替范仲淹等人說話而被貶為滁州太守。到了滁州之後，歐陽修沒有頹唐落寞，而是意氣風發地把他在朝廷的一系列主張付諸實踐，簡政革新，與民同樂。他自號「醉翁」，以一篇〈醉翁亭記〉記錄這段韜光養晦的歲月。沒想到文章一出，立馬火了。宋人朱弁在《曲洧舊聞》中說：「天下莫不傳誦，家至戶到，當時為之紙貴。」

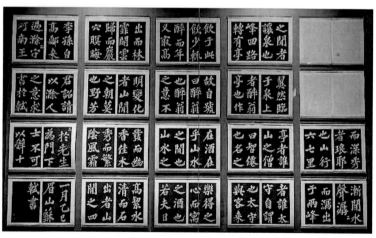

宋拓蘇軾楷書歐陽修〈醉翁亭記〉，遼寧省博物館藏

他用兩個十年向偶像致敬

　　慶曆七年秋，在那個豐收的季節，一個年輕人來到滁州琅琊山下，拜訪醉翁。他的到來令歐陽修非常興奮，立馬拉著他攀山登亭，不是遊人如織的醉翁亭，而是鮮為人知的醒心亭。歐陽修慨嘆，世人都以為我真的醉了，只有你明白我的心啊！這個人就是的曾鞏，時年 29 歲。滁州之行，給曾鞏留下了美好的記憶和深刻的印象，不僅是和前輩師尊親密接觸，更是見到了滁州的一派祥和，「夷狄鳥獸草木之生者，皆得其宜」，儼然天下為公的大同世界，而這當然得益於歐陽公的寬簡之道：簡化行政制度，不折騰、不擾民。

　　曾鞏作〈醒心亭記〉說，韓愈去世已經幾百年了，這幾百年間能和他相媲美的就是歐陽公了，然而今天逡巡在醉翁亭的遊客們並不一定真的知道他的偉大之處，千百年後，世人定會恍然大悟，感慨他的傑出而無人能望其項背！

　　近千年來的歷史與事實證明，曾鞏說對了。一個文學青年能和一代文宗互為知己，足以說明這個青年也不一般。許多年後，他被人列為「唐宋八大家」之一，名字和他的偶像歐陽修寫在了一起。曾鞏登醒心亭與歐陽修相會，當然不是初識，兩人其實已經認識十年了。曾鞏 19 歲時隨父赴京，就已登歐陽之門拜師求教了。歐陽修非常賞識小曾，他說：「過吾門者百千人，獨於得生為喜。」醒心亭相會之後又一

個十年，39 歲的曾鞏寫了另一篇文章，文中稱道的還是乃師所主張的寬簡之道，那就是應撫州太守裴材之邀所作〈擬峴臺記〉。在文中，曾鞏道出了裴材以賢者自況，祈望百姓安樂和順的心跡。

那一年，曾鞏等來了遲到二十年的「錄取通知書」，而且這一次是組團雪恥，他帶去一起應考的弟弟曾牟、曾布及堂弟曾阜，加上曾家兩個女婿，共計六人，全部金榜題名。在那張榜上，除了曾家六人，還有蘇軾、蘇轍、張載、程顥、程頤、呂惠卿、章惇、章衡、王韶……「三蘇」之二、「宋六家」之三、「五子」之三，宋代文學巔峰的半壁江山、程朱理學的創派二宗、後來熙寧變法的主將，盡在其中。「二蘇」和「二張」不用說，都是兄弟同榜；而章惇本是章衡的叔叔，因為名次在姪子之下而感到羞愧，竟然放棄入仕的機會選擇複讀，兩年後高中進士甲科。這都是些什麼人啊，為什麼這些牛人都擠到這一年了？

組團決戰龍虎榜的曾家軍

可以說，嘉祐二年的風雲對決龍虎榜雲集的都是影響中國政治史、文學史、思想史的人，那麼曾鞏一家入圍六人則更加非同尋常。其實呢，中進士這件事，曾家本來是有傳統的。從曾鞏他爺爺那一輩起到曾鞏，僅這三代人七十多年間就出了 19 名進士。曾鞏祖上世代為儒家學者：祖父曾致

堯是北宋開國後南豐第一個進士，官至禮部郎中、戶部郎中；父親曾易占同樣進士出身，做過太常博士。曾易占在泰州府任如皋縣令時把曾鞏帶在身邊，使曾鞏深受如皋學風的浸染。同時，曾鞏天資聰慧，且勤學苦讀，所以博聞強識，少年成名。那麼問題又來了，既然如此優秀為什麼曾鞏考了二十年才中呢？

前面這兩個問題的答案其實是一樣的，因為那一年的主考官是歐陽修。並非歐陽修偏袒弟子門生，而是他接過晚唐古文運動的大旗，力主科舉改革，摒棄時人華而不實的駢文癖，提倡言之有物的新文風，堅持考策論，所以他選出來的人都是既有才華又務實肯做的人。曾鞏恰恰是深受韓柳一脈影響的學子，詩文質樸，迴避刻意修飾。在歐陽修之前，這樣的文風不可能被重駢文的考官看中。曾鞏曾在〈簡翁都官〉中說：「自有文章真杞梓，不須雕琢是璠璵。」這種思想也受到後世很多追隨者推崇，如清代曾任刑部尚書、翰林院掌院學士，文風有曾鞏神韻的書法家梁詩正，曾以行書抄錄曾鞏這兩句詩，該墨跡在 2020 年「山高水長——唐宋八大家主題文物展」中列展。

清梁詩正行書曾鞏〈簡翁都官〉詩聯，遼寧省博物館藏

　　曾鞏晚中進士還有另一方面的個人原因。儘管世代因儒為官，但曾鞏的成長之路並不順利。曾鞏排行老二，父親、大哥不管家事，所以家裡的一切事情均有曾鞏操持，十幾個兄弟姐妹的生活、教育他也要管，沒時間複習備考也是事實，所以後來才有一門六進士的井噴式中第。就在他第一次隨父進京那一年，父親因受人排擠誣陷而罷官，這件事無論在生活上還是精神上對曾鞏的打擊都很大。二十六七歲的時候，祖母過世後曾鞏得了肺病。去滁州探望歐陽老師兩個多月前，曾鞏的父親剛剛過世。父親的去世對曾鞏的打擊更大，到老師那裡尋求精神撫慰大概也是他滁州之行的原因之一。

心繫天下黎民的精神傳承

誠然，個人哀樂得失事小，天下治平事大。正如前面我們所說，治國平天下才是儒家的最高理想，甚至詩文都在其次。即便如此，曾鞏的散文創作也達到了一個高峰，他不僅是北宋詩文革新運動的積極參與者，而且他的文章溫醇簡練，結構嚴謹，窮究事理，平正古雅，對後世影響很大，明清兩代著名作家都將其作品奉為典範。

進士及第後，曾鞏由太平州司法參軍開始，歷任齊州、襄州、洪州、福州、明州、亳州、滄州等地知州，後受到神宗賞識任三班院勾判，因為學識出眾又任史學修撰等職，最後官至中書舍人。在後半生二十幾年的時光裡，宦海沉浮，起起落落，但他在每一個職位上都是一絲不苟、謹言慎行，始終保持著一顆「醒心」。回首前塵，不知曾鞏會不會贊同我的觀點，29 歲那年的醒心亭之會，更像一次傳燈之會。而醒心亭傳燈十年後作〈擬峴臺記〉，則是曾鞏對「醒心」進行深刻領悟之後的再闡釋。〈醒心亭記〉中提出了一個問題：「一山之隅，一泉之旁，豈公樂哉？乃公所寄意於此也。」這裡「寄意於此」的「此」到底是什麼，彼時的曾鞏並未明確，而答案就在十年後的〈擬峴臺記〉中：「君既因其主俗，而治以簡靜，故得以休其暇日，而寓其樂於此。」

曾鞏體恤民情，為了維護百姓利益，他在簡政安民的同

時堅持打黑除惡，優化「營商環境」，並發動群眾構建「治安聯防體系」。1071 年，53 歲的曾鞏調任齊州知州。他到了那裡聽說有黑惡勢力為非作歹，當即收集證據，嚴懲惡霸豪強。隨後他又發現齊州「兩搶一盜」[1] 案件高發，便命人更新戶籍資料庫，在每家門前懸掛面鼓，一旦發現了盜匪立即擊鼓示警，召集周圍群眾合力圍殲盜匪。盜匪如果自首，獎勵其銀兩布匹。不久之後，齊州社會面貌一新，人們安居樂業，經濟開始復蘇起來。59 歲的時候，曾鞏以龍圖閣直學士知福州兼福建路兵馬鈐轄。此前當地官府每年靠販賣蔬菜能有一筆可觀的收入，但是這些錢可能會不受監督地落入官員個人腰包，而且還有搞壟斷經營的嫌疑。曾鞏知道後說：「太守與民爭利，可乎？」這種做法就此杜絕了。他所工作過的地方，百姓都評價他有才學、施德政。從當年科考的作文題〈刑賞忠厚論〉到入職司法參軍，再到做地方官時堅持打黑除惡、強化治安管理，我們熟知的文學家曾鞏其實是一位非常優秀的政法幹部。

曾鞏當年的同科進士、老同學蘇軾離開他的生死之地黃州前一年，也就是北宋元豐六年（1083）初夏，曾鞏病逝於江寧府，享年 65 歲。翰林學士、太子少傅韓維作《宋大儒曾鞏神道碑》碑文，文中認為，曾公主管中央教育文化

1　兩搶一盜，現代治安管理和刑事司法上指搶劫、搶奪和盜竊（包括入室盜竊和盜竊機動車）等三類多發性侵財案件。

事務，再現了上古三代的遺風；與歐陽文正、荊公介甫一道宣導雅正文風，使大宋文章炳然與漢唐同光。他的〈擬峴臺記〉也激勵了無數後輩，晚清重臣，被譽為半個聖人的曾國藩對曾鞏的〈擬峴臺記〉喜愛有加，咸豐二年以行楷大字書寫全文，由曾鞏故土江西撫州鄉紳摹刻上石。曾國藩勤於書藝，以寫字修練心性品格，他的字我以為有「三氣」：大氣、正氣、書卷氣。這樣的字配曾鞏心懷天下的文，剛剛好。

清曾國藩行楷書曾鞏〈擬峴臺記〉初拓全本冊頁展出現場，遼寧省博物館藏

曾國藩在日記中寫道：「撫州紳士刻余所書〈擬峴臺記〉，共刷來八份，茲寄五份回家。澄弟一份，沅弟一份，紀澤一份，外二份送家中各位先生。暫不能遍送也。」我們今天有幸可以見到當時的初拓全本曾國藩書〈擬峴臺記〉冊頁，遼寧省博物館藏，也曾在唐宋八大家主題文物展中展出。

自放於山水之間

——〈題靈岩寺〉詩碑與蘇轍

蘇轍（1039 年～1112 年），字子由，一字同叔，
眉州眉山（今屬四川）人。

北宋文學家，唐宋八大家之一，蜀學集大成者。

晚號穎濱遺老，諡「文定」。

　　宋神宗熙寧四年（1071）六月，北宋大文學家、政治家曾鞏由越州通判調任齊州（今濟南）知州。熙寧六年二月，又調襄州，齊州人民得知曾鞏即將離去的消息後很「心塞」，竟然要「絕橋閉門」挽留他，據說曾鞏是在夜色中悄然離去的。齊州真是一個好地方！善良淳樸的齊州人民沒能留住他們深深愛戴的曾鞏，卻迎來了另一位當世大家——蘇轍。曾鞏是春天離去的，蘇轍夏天就來了。

他首先是一位學者

　　蘇轍出身名門，父親是蘇洵，哥哥是蘇軾。仁宗年間，父子三人遊學汴京，在歐陽修的賞識和推薦下，他們的文章很快聞名京城，文人學士爭相傳誦仿效。今天我們提起「三蘇」，多數人想到的是他們的精彩詩文，這當中多半還是關乎蘇軾。實際上當時「三蘇」在思想、學問上的影響並不亞於詩文，那時文章的含義遠大於文學，它還可以涉及政治、歷史、哲學等多個範疇。

　　蘇洵放棄科舉之後潛心治學，博古通經，成為當世大學者，後來受命為國家編纂史籍。蘇軾、蘇轍兄弟不僅繼承家學，而且繼續發展，形成了著名的「三蘇蜀學」，作為北宋一大學派，與當時被尊為官學的「荊公新學」、後來衍生出程朱理學的「二程洛學」構成三足鼎立之勢。「三蘇」當中，蘇轍的學術著作也是相當豐富的。其傳世之作按照傳統的經

史子集分法包括：經部《詩集傳》20 卷《春秋集解》12 卷，史部《古史》60 卷，子部《龍川略志》10 卷、《龍川別志》2 卷、《老子解》2 卷，集部《欒城集》及《後集》、《三集》、《應詔集》共 96 卷。

可以說，蘇轍學術成就是豐富多彩的北宋學術史中不可或缺的篇章，歷代學人也都對他很重視。南宋大儒朱熹儘管曾批判蜀學，但是依然從蜀學中借鑑吸納了很多東西，他曾對蘇轍《詩集傳》給予充分肯定，認為蘇轍的《古史》考據精當、議論極好，在其《朱子語類》、《四書章句集注》中，對蘇轍的學術觀點多有徵引。

命途多舛的詩碑

自熙寧六年夏，時年 35 歲的蘇轍由陳州（今河南淮陽）學官改任齊州（今濟南）掌書記，到熙寧九年十月任滿離濟，蘇轍在濟南宦居三年多。這期間，蘇轍留下的詩文數以百計，除了一些次韻、唱和、寄贈之作外，其中題詠濟南風物詩歌作品多達數十首。熙寧八年（1075）春末夏初，蘇書記出訪泰山，途中到嚮往已久的長清靈岩寺打卡，並作〈題靈岩寺〉詩一首。這是一首古體長詩，前面主要是詩人所見靈岩寺周邊景色、自己拜見高僧的情景，憶當年祖師篳路藍縷創寺歷史，看今朝環境清幽條件改善，僧人自得其所、靜心修行。

清拓蘇轍楷書〈題靈岩寺〉詩碑，遼寧省博物館藏

　　然而，大詩人、大學問家蘇轍的題詩似乎並沒有在靈岩寺產生什麼反響。直到三年之後，即元豐二年（1079），蘇轍向友人鮮于侁談及此事，鮮于侁讓蘇轍重新書寫舊作交付靈岩寺僧，寺僧這才刻石立碑。鮮于侁時任京東西路轉運使，相當於今天的省交通廳長，而齊州當時正好處於京東西路管轄之下。省裡廳官說句話，靈岩寺方面還是給了面子。刻可是刻了，但不知是寺裡僧人沒有足夠重視，還是有人覬覦蘇轍的詩文書法，反正這塊碑沒過多久就不知去向了。

　　我們今天乍一看，有點不好理解，怎麼彪炳史冊的唐宋八大家之一、大宋第一梯隊的文學家、蜀學創始人之一、風格自成一體的書法家、後來官至副宰相的蘇轍，這麼不被小

小的長清縣「靈岩寺風景區辦事處」重視呢？當我們回到歷史中尋找答案，就會不禁為之一驚。

事實上，靈岩寺不僅不小，而且大有來頭！靈岩寺始建於東晉時期，得名於神僧朗公，在唐代即與國清寺、棲霞寺和玉泉寺並稱為「海內四大名剎」。在蘇轍離開齊州之後到濟南郡任職的詩人卞育曾說：「齊有靈岩寺，居天下四絕之一。海岱間山水之秀，無出其右者。」到了明代，文學家王世貞曾有「靈岩是泰山背最幽絕處，遊泰山不至靈岩不成遊也」之說。靈岩寺在一千多年間備享尊榮，今天仍被譽為山東佛教「五大千年古剎」之一。北宋時，靈岩寺的主持都是由朝廷指派的得道高僧充任。熙寧三年，賜紫僧行詳大師懷揣中央的任命書由京城赴任靈岩寺履職時，是當朝宰相王安石攜手京城群賢贈詩相送的。賜紫僧什麼概念呢？就是由皇帝敕賜紫袈裟予有功德之僧，以表其造詣之高與地位之尊。

再看此時遊靈岩的蘇轍，齊州掌書記。今天要是稱蘇書記極有可能是很大的官，而當時的蘇書記的工作不過是輔佐州長官完成州內的公文、應酬等事務，屬於幕職、屬吏，叫蘇秘書、蘇辦事員更合適。另外，在來齊州之前，蘇轍在淮陽教育局當教員，他是怎麼到淮陽的呢？他本來在朝廷供職，宰相王安石正要重用他，讓他在朝廷新設的部門——「制置三司條例司」工作，可是蘇轍堅決反對王安石的青苗法。王安石當時可以做皇上一半的主，幾乎就代表中央，小

蘇同志公然和中央唱反調的做法讓王相國非常惱火，是皇上攔著才沒有治他罪，但蘇轍主動提交辭呈要求外放，於是他這才到了淮陽，等於是貶謫。面對這樣的身分、地位、處境，靈巖寺方面的反應大概就可以理解了。

碑丟了，但我們今天在遼寧省博物館可以看到拓片。清拓蘇轍楷書〈題靈巖寺〉詩碑，見於 2020 年「山高水長——唐宋八大家主題文物展」。那這拓片怎麼來的呢？原來，刻碑軼失近半個世紀之後的靖康初年，時任靈巖寺住持為一代高僧淨如，他偶然得到了蘇轍書於元豐二年的墨本，於是重新摹勒上石，就是今天依然鑲嵌在寺內的那塊碑。詩後有空明居士跋，記載了題詩刊石的經過。

說到這，我們不妨回過頭來再讀蘇轍的這首詩，讀到最後四句，你會覺得頗為耐人尋味：「一念但清涼，四方皆兄弟。何言庇華屋，食苦當如薺。」煩躁嗎？心靜自然涼。寂寞嗎？四海之內皆兄弟。談什麼洋房別墅，說什麼錦衣玉食，平平淡淡才是真。與其說這是在描寫僧人生活，毋寧說是蘇轍的自況，這是與其兄極其相似的淡然與豁達之境。從前途大好的京官到無人問津的地方小吏，這是自己的選擇，沒什麼好抱怨，生活上是會吃一點苦，這又有什麼呢？藜藿之羹唐堯吃過，孔子也吃過，我蘇轍吃一吃又有何不可？幾年之後，被撤職留用的蘇轍在筠州作《黃州快哉亭記》，他在文中表達了這樣的心境：人生在世，如果安放不好本心的

位置，到哪裡不會愁苦呢？心胸坦蕩，平靜無懼，不因外物變化而傷害本性，那麼身處何方不會感到快樂呢？那麼如何才能做到不因外物變化而傷害本性呢，其訣竅就是「自放於山水之間」。

蘇轍就是這麼剛，就是這麼颯。眾所周知，當時北宋政壇圍繞變法問題打得不可開交，兩方博弈幾十年，革新派以王安石為代表，守舊派以司馬光為代表。目睹這一切並置身其中的蘇轍既然和王安石鬧翻了，那麼他應該是司馬一派的吧？極有個性的蘇轍反對過王安石，也反對過司馬光。是的，不站隊，只站真理，這就是蘇轍。其實蘇轍曾經不止一次「懟」過皇上，「懟」宰相太平常了。

回頭來看看，王安石的那首贈別賜紫僧行詳大師的詩又是怎麼寫的呢？《詩送靈岩法師》原詩如下：

靈岩開闢自何年，草木神奇鳥獸仙。
一路紫苔通窈窕，千崖青藹落潺湲。
山祇嘯聚荒禪室，象眾低摧想法筵。
雪足莫辭重趼往，東人香火有因緣。

詩中以神話傳說為依託，把靈岩寺想像為一個曲徑通幽的仙居所在，別有韻味。王安石的好詩當然有很多，但就事論事地說，與蘇轍的〈題靈岩寺〉相比，此詩儘管不失華

美、不輸氣勢,但這些華麗的修辭告訴我們這顯然是一首應
酬之作,少了深層次的思考或感悟。

一個時代結束了

蘇轍重書〈題靈岩寺〉十年之後,也就是元祐四年
(1089),已升任吏部尚書的蘇轍出使遼國。曾在遼惠州
(今遼寧建平)停留,並寫了四首詩寄給蘇軾,不僅講了沿
途見聞、契丹風情以及出使感受,還欣喜地告訴兄長,很多
胡人也是「坡粉」。無論在文學史還是在民族史上,這都是
值得關注的一筆。

回朝後,蘇轍在元祐五年被任命為龍圖閣直學士、御史
中丞。兩年後蘇轍拜尚書右丞、進門下侍郎,也就是名副其
實的副宰相。在那四年前,打了一輩子的王安石和司馬光
已經於同年死去,但是新舊之爭仍然沒有結束。三年後的
1093年,高太后去世了,哲宗次年親政,重新啟用新黨,
舊黨又紛紛被拿下,跟王安石拍完桌子拂袖而去的蘇轍此時
又被視為舊黨,首當其衝被打壓,先後謫居汝州、筠州、雷
州、循州等地。

徽宗即位,面對危機四伏的江山意欲勵精圖治,表示又
要全面恢復熙寧新政,蘇轍奉詔回京。然而不幸的是,蘇軾
這一年在常州病逝,帶著臨走沒有見到弟弟的遺憾離去。蘇
轍得知噩耗,在悲痛中為其撰寫了祭文。蘇轍此時已無意官

場，上書請求歸隱許州，善解人意的宋徽宗批准了。因居於穎川之濱，蘇轍自號「穎濱遺老」，此時當年意氣風發遊汴京的三父子只剩下他自己了。晚年蘇轍終日讀書著述、靜坐禪修，謝絕一切應酬，決口不談政事，將一生所感寄託於詩文之中。

宋徽宗趙佶〈瑞鶴圖〉卷，遼寧省博物館藏

西元 1112 年春節過後，汴京的天空出現一幕奇異的景象：在雲氣飄渺中，一群仙鶴鳴叫著飛舞於皇宮上空，還有兩隻竟落在宮殿左右兩個高大的鴟吻之上，群鶴盤桓良久方才離去，迤邐而行飛往西北方向，直到消失。宮殿之下的宋徽宗恍然了，難道這是國運興盛之預兆？這位被當皇帝耽誤了的藝術家不會知道，穎川之濱的蘇轍將要去世了。

一個告老隱居的舊臣死去，能是什麼大事？宋徽宗想不到也不可能想到的是，作為「唐宋八大家」的「宋六家」中最年輕也是最長壽的一位，蘇轍的去世象徵著一個時代結束了，一個看似輝煌的時代，結束了。

未覺池塘春草夢，階前梧葉已秋聲

——《誠意章》與朱熹

朱熹（1130～1200），字元晦，又字仲晦，
號晦庵，晚稱晦翁，諡「文」，後世稱朱文公。
祖籍婺源（今江西婺源），生於尤溪（今屬福建尤溪）。
宋朝著名理學家、思想家、哲學家、教育家、詩人，
閩學派代表人物，儒學集大成者。
世稱為朱子，孔廟大成殿十二哲之一。

　　西元 1196 年夏末的一天，67 歲的南宋理學家朱熹給他的表弟程洵寫了一封信。在這封信中，朱熹告訴表弟自己近來疾病纏身，特別是眼疾很耽誤事，看文字特別辛苦；而且「脾胃終是怯弱」，稍微吃多一點就很難受。朱熹說自己是「老拙衰病，幸未即死」，這不是戲謔之語，而是智者的洞見，因為此時他的生命已經走向黃昏。三年多後，一代大儒病逝，不知他是否想到他的思想將影響中國八百年，而且這種影響至今仍在繼續。南宋政治家、軍事家、文學家辛棄疾評價朱熹道：「所不朽者，垂萬世名。孰謂公死，凜凜猶生。」

　　程洵，字允夫，和朱熹一樣是婺源人。他既是朱熹的表弟，又是程朱理學的資深學者。朱熹的這封信，一直保存在程家。朱熹死後約七十年左右，蒙古鐵騎大舉南下，從湖北到江南包括南宋都城臨安等地相繼淪陷，戰火中的程家子孫在逃難時遺失了先祖的遺物，包括書信若干。

〈朱熹書翰文稿〉的流傳故事

　　遼寧省博物館有一件藏品，叫〈朱熹書翰文稿〉，在 2018 年「中國古代書法展」（第二期）、2020 年「山高水長——唐宋八大家主題文物展」等大展中曾展出。卷末題跋中，有一個叫韓濂的人寫道：「曩於故人金氏書齋，獲睹晦庵先生遺墨數紙⋯⋯」這個韓濂是誰呢？

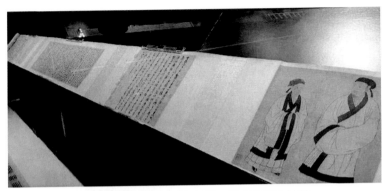

〈朱熹書翰文稿〉展出現場，遼寧省博物館藏

　　韓濂不僅是當時在地方小有名氣的詩人和畫家，還是程洵六世孫婺源程彥達的姐夫。元朝中期，韓濂在一位金姓朋友家發現了朱熹的幾張手稿，其中就包括朱熹當年寫給程洵的書信。他立即把這件事告訴了程彥達，然後兩人買回了祖先遺物，即三件墨跡：本文開頭提到的朱熹寫給程洵的那封信、朱熹講學手稿〈大學或問·誠意章〉、朱熹所寫〈獨遊寶應寺〉詩。隨後，程彥達請韓濂把〈大學或問·誠意章〉手稿拿到鄱陽，請當地著名學者、前科進士朱公遷題寫了跋語。本來他們還把此卷送到安徽休寧，打算請當地名士趙汸題字。趙汸當時有病在身，將手稿放置了一年，最後還是怕寫不好沒敢動筆，托人將文稿帶回，並寫了一封信說明情況表示歉意。程彥達於是請畫師畫了一幅朱熹和程洵對談的畫像，將畫像以及朱公遷的跋、趙汸的信同三幅朱熹遺墨裝裱在一起，而後又請當時在京城的多位翰林學士，如在皇宮內

奎章閣任職的虞集、李祁等，還有學者汪澤民、董朝宗等人鑑賞並在卷後題字。

程彥達的這一系列做法，往小了說是重視先人遺產、重視家庭家教家風建設，往大了說則是有文化傳承意識，功在千秋。今天看來，這非常令人敬佩，事實上中國古代士人普遍具有這樣的精神。我們現在所見歷代書畫遺跡，絕大部分都有類似的題跋。這些題跋記錄了關於作品流轉的歷史、軼事，是非常寶貴的文獻資料，專家還可以根據這些題跋為這些作品斷代、辨識真偽。題跋內容有的感人至深，有的驚心動魄，相當一部分是我們在正式的藝術史、文學史上難得一見的，為我們展現了主人公鮮活生動的另一面。同時，題跋者很多為當世名流大家，用現在的學術觀點看，他們的一些題跋內容實際上就是文藝評論，而他們留下的墨跡本身又是一份難得的藝術瑰寶。

——可以說，這就是古代書畫題跋的多重意蘊。

此卷〈朱熹書翰文稿〉在明朝嘉靖年間被江西布政司參政孫存收藏。嘉靖二十四年（1545）正月，孫存將此卷寄到蘇州，請當時的名士文徵明寫跋文。文徵明欣然應允，他在題跋中提到朱公遷、趙汸、韓濂三公，說他們「皆元季國初名流，其題此卷，皆鄭重不苟。」對於趙汸竟然留卷一年不敢動筆，文徵明深深敬佩並不無慚愧地說：「不著語而還之。徵明何人，乃敢妄議。」他還高度肯定手稿的價值說，

「較今刊本，一字不異，蓋定本也……夫朱公著述，如日星在天，何容刻畫」。今天我們可以把手稿與清文淵閣四庫全書經部所收《四書或問》中此部分內容進行對照，具有極高的文獻價值。

從文稿後留下的鑑藏印章可知，清初先後收藏此卷的是著名收藏家張篤行、孫承澤、卞永譽。孫承澤是明末進士，官至吏部右侍郎，喜歡收藏，精於鑑賞。在明末清初的亂世，崇禎帝、滿清政權、李自成農民軍三方打得昏天黑地，北京城四處散落了大量字畫文物，有的慘遭被損毀遺棄。孫承澤竭盡全力搜羅挽救了許多歷代精品，成為大收藏家。他在自己的書畫鑑藏手記《銷夏記》中寫到這卷文稿說：「文公墨跡一卷，前畫文公小像，後書獨遊寶應寺詩。又與程允夫帖，又或問誠意章手稿。小行書極精工。」可見，此卷在清初還有〈獨遊寶應寺〉詩跡，後來不知何時又經重新裝裱而拆掉，從此下落不明。〈朱熹書翰文稿〉於康熙年間被收入清宮，卷後留下了一大摞乾隆、嘉慶、宣統等字樣的「皇帝之寶」。末代皇帝溥儀後來將此卷帶到長春偽皇宮，日軍投降撤走後，最終輾轉成為遼寧省博物館的珍貴藏品。

學者型書家的養成

也就是說，遼寧省博物館今藏〈朱熹書翰文稿〉，包括〈致程允夫札〉和〈大學或問·誠意章〉兩部分文字，卷首

有朱熹畫像。朱熹一生勤勉，直到臨死前一天，還在修改《大學》的注釋。所以這件「誠意章」手卷具有非常特殊的意義和極為特別的價值。〈致程允夫札〉又叫〈復允夫糾掾帖〉，簡稱叫〈允夫帖〉，作於 1196 年農曆 7 月 6 日，所以又叫〈七月六日帖〉。

〈朱熹書翰文稿〉之〈文公小像〉、〈致程允夫札〉，遼寧省博物館藏

朱熹在信上提到自己當時眼疾很嚴重，還不如表弟的十分之一。從他的描述看不是一般的老花眼，而更像白內障之類的病症。即使如此，他還是忘我地做學問，直到生命的最後一刻。除了對朱子這種治學精神報以敬佩，還有一個問題值得我們琢磨，那就是視力如此之差竟然沒有影響書寫！我們現在看該卷真跡，筆勢流暢，纖毫畢現。明王鏊《震澤集》云：「晦翁書筆勢迅疾，曾無意於求工，而尋其點畫波磔，無一不合書家矩蠖，豈所謂動容周旋中禮者耶。」也就是說從墨跡可以看得出他寫得非常快，而且每一筆都有來歷，但又不刻意求工，折轉自如，整體感覺還非常有個人風

格，是宋人「尚意」書法的傑出代表。朱熹自言「性不善書」，他一生致力於理學研究，無意當書法家，寫字只是治學之餘的消遣。然而，事實上朱熹的書法不僅獨樹一幟，而且還為後世歷代鑑藏家所推崇。

朱熹的書寫經歷和書法造詣說明什麼呢？我覺得這說明有兩點要素對於書法藝術有著非常重要的影響：一是自然積累，二是學問滋養。

朱熹的父親朱松世稱「韋齋先生」，他的老師叫羅從彥，是宋朝知名的經學家、詩人，豫章學派創始人。朱松本身就是一位善書者，擅書荊公體，臨寫王安石的字幾可亂真。朱熹從小隨父學習書法，受到書法藝術的薰陶，想必也受到了荊公體的薰陶。朱熹一生對王安石都很佩服，他在《朱子全書》中用〈三朝名臣言行錄〉評述王安石的一生，給予充分肯定。我們現在把〈朱熹書翰文稿〉與王安石〈楞嚴經旨要〉（上海博物館）的圖片放在一起對照看，確有幾分神似。

在〈家藏石刻序〉中朱熹自述到：「予少好古金石文字，家貧不能有其書，獨時時取歐陽子所集錄，觀其序、跋、辯證之辭以為樂，遇適宜時恍然若手摩挲其真實面目，了其文字也。」據說當時朱熹學習曹操的書法，而他的同學劉共父學的是顏真卿的書法。劉共父批評朱熹說「我所學者唐之忠臣，公所學者漢之篡賊耳」。朱熹從此改學顏真卿，特別是

在行草書上借鑑顏真卿很多東西，後來朱熹以此事告誡弟子們「取法須端」。

朱熹一生筆耕不輟，著作卷帙浩繁來形容一點也不為過，而且集諸家之大成，為理學一代宗師。書法誠然是一門藝術，但它身上所承載的又是千百年的文化精神。從某種意義上說，書法寫到最高境界也是思想、哲學的映射。我們可以確定無疑地說，中國書法既是文字書寫方法、傳播文化的載體，又是藝術、文化與哲學的集合體。朱熹儘管無意當書法家，但他無疑是一位典型的學者型的大書家，以他那樣的積累和學養，想不在書法上有所成就都是困難的。

作為理學家的一代宗師

孔孟之後，第一個明確、具體論述儒家道統的人是唐代的韓愈，又經過以「二程」領銜的「北宋五子」的發展，到了南宋，大儒朱熹成為道統論的繼承者，成為儒家思想的又一高峰。朱熹傳承儒家道統的重要方式就是重注「四書」，他用後半生四十多年的時間，重新注釋、編排了四書。他透過章句注釋對自己的思想進行完整的表述，稱為《四書章句集注》，簡稱《四書集注》。此後一直是儒家教育的基礎教材，家喻戶曉的經典讀物。《四書集注》之外，朱熹還著有《四書或問》，採用問答體形式對《四書集注》進行再次注解釋疑。我們今天所看到的〈朱熹書翰文稿〉中〈大學或問

‧誠意章〉，就是朱熹《四書或問》中〈大學或問〉裡的〈誠意章〉手寫定稿。

〈朱熹書翰文稿〉之〈大學或問‧誠意章〉，遼寧省博物館藏

　　北宋五子開啟了一個偉大的時代。北宋五子之後，朱熹成為其哲學之集大成者，同時也從根本上解決了北宋五子思想體系當中所遺留問題。作為儒家的一代宗師，朱熹在中國思想史、中國哲學史乃至中國文化史上都是一個劃時代的偉大人物。他是南宋著名的理學家、思想家、哲學家、教育家、詩人、書法家、校勘學家，因其思想博大精深，直追孔孟，世稱「朱子」。朱熹長期在福建講學，弟子也多為福建人，福建簡稱為閩，所以朱熹及其弟子研究的學問世稱「閩學」。朱熹自號「紫陽」，後來有學者稱朱熹為「紫陽夫子」，因此閩學又稱為「紫陽學派」。

　　朱子理學認為，「理是先天地而存在」，把抽象的理提升到永恆的、至高無上的境界。朱熹最著名的一句話是「存天理，滅人欲」，他也因之遭到很多誤解。世人評判宋明理學，常言其「滅人欲」壓抑人性、禁錮自由云云，以此詬病

晦庵先生，這是哪跟哪啊！其實，朱熹是說如果人為一己私欲蒙蔽，就會看不到自己真實面貌，不能體悟天地之理。人欲不是一切訴求而是過度的欲望，節制欲望是為體悟道、理，如無此追求亦不必遵循此法。「存天理，滅人欲」不僅沒有壓抑人性、禁錮自由，恰恰相反，這有如此方能「明理見性」。

《大學》中說：「物格而後知至，知至而後意誠，意誠而後心正，心正而後修身，修身而後家齊，家齊而後國治，國治而後天下平。」這段話被朱熹概括為：格物、致知、誠意、正心、修身、齊家、治國、平天下，後來這「八條目」成為儒家弟子的最高追求。他說：「大學之修身、齊家、治國、平天下，基本只是正心、誠意而已。」可見正心誠意在朱熹心中的地位之重，基本是儒家一切修養與追求的前提。「誠意」就是要拿百分百的決心和毅力為善去惡，使情得到有效的引導和控制，這其實是「天理人欲」論的具體實施方法。根據《大學或問》的解釋，「誠意」是為己之工夫，要求個人、主體具有強的道德自覺性，使「好善惡惡」成為自我的道德自覺甚至道德習慣，不受他人以及外在環境得影響。在朱子哲學中解釋誠意的另一個詞是「慎獨」，「獨」不是時間或空間上的孤獨，而是「人所不知而己所獨知之地也」，是人在實踐活動開始前後那個時間點上的主觀精神狀態。就是在這個心理節點上要擺正自己的位置，確定自己下

一步行動的動力與決心。

　　朱熹晚年遭到政敵陷害、彈劾，被斥之為「偽學魁首」而罷官，朱子門人流放的流放，坐牢的坐牢，朱子學派遭到嚴重打擊。慶元六年（1200）春，71歲的朱熹去世。病逝前，朱熹左眼已盲，右眼也近乎失明，但他仍以更旺盛的精力加緊整理殘篇，唯一的願望就是要將自己生平的所有著作全部完稿，使道統後繼有人。朱熹一生勤勉，總是感覺時間不夠用，因此他也無暇顧及各種誹謗、打擊。他寫詩說：「少年易老學難成，一寸光陰不可輕。未覺池塘春草夢，階前梧葉已秋聲。」朱熹死後，謚號為「文」，後世稱「朱文公」。

一窗昏曉送流年，洗洗睡吧！
——〈自書詩〉與陸游

陸游（1125 年～ 1210 年），字務觀，號放翁，

越州山陰（今浙江紹興）人，

南宋文學家、史學家、書法家、

「南宋四大家」之一，「中興四大詩人」之一。

愛國詩人，被後世稱為宋詩第一人。

　　你能想像你八十歲的生活是什麼樣嗎？這位老人種花、玩香、讀書、寫字、睡覺……提起陸游，我們首先想到「示兒詩」，想到「冷雨夜」，心中徒增幾分悲愴、幾許淒涼；然後還會想到沈園愛情故事，也是個悲劇。所以，在人們的印象裡陸游的故事總是苦情的、哀婉的……實際上，陸游是個典型的「文藝青年」，他晚年生活裡也並不只有那些關於家國的宏大敘事。他除了是一位偉大的愛國詩人、文學家，還是位史學家，甚至是南宋傑出的書法家，朱熹稱其「筆札精妙，意致深遠」。然而在他的一生中，自己最認可、最珍視的身分則是軍人。

戰士、詩人與書家

　　陸游平生最大的志向是上戰場，是打仗，是橫刀立馬北定中原，「當年萬里覓封侯，匹馬戍梁州」。但是在那個抗金一線最高將領岳飛都為這樣的夢想送命的時代，壯志難酬是陸游無法擺脫的宿命。早年在國家選拔人才的考試中，陸游因為水準超過同場競技的秦檜之孫，而被直接拿下。後來秦檜死了，陸游才得以入仕。從南方小縣城的文職到省軍區參謀，年近五旬的陸游中終於成為了一名真正的軍人。此後六七年，就是陸游的戎馬生涯了。

　　應四川宣撫使王炎的聘請，陸游於 1172 年正月到新鄭任宣撫使司幹辦公事兼檢法官。他到任後，曾多次奔走於前

線視察軍情，投身於收復失地的準備工作。作為職業軍人、軍事指揮管理階層一員，他對抗金戰爭形勢有過科學的認知與分析。

陸游首先為宋金戰爭定性，明確抗金為正義之戰，而正義必勝——「楚雖三戶能亡秦，豈有堂堂中國空無人！」（陸游〈金錯刀行〉）但後來真實的歷史情況顯然沒有像陸游預言的那樣，原因是什麼呢？陸游也早就說明白了——「客主固殊勢，存亡終在人！」（陸游《劍門天》）為此他提出了總體抗金軍事主張，比如他視漢中為收復中原的重要根據地：「經略中原，必自長安始；取長安，必自隴右（漢中）始。當積粟練兵，有釁則攻，無則守。」（《宋史‧陸游傳》）比如他反對定都臨安，希望朝廷像以李綱、岳飛、張浚等人主張的那樣定都建康（今江蘇南京）。他曾作《感事》詩二首，表示對皇帝定都臨安的極度不滿：「雞犬相聞三萬里，遷都豈不有關中？」

另外陸游認為戰之能勝的關鍵在於把握出兵的時機。他分析說，經過幾十年戰爭，金人已不像當初那樣勢不可擋，我們應該相時而動。1173 年 9 月，身在四川的陸游聽說金人發生內亂，認為這是出兵北伐極為有利的時機。他寫詩說：「近聞索虜自相殘，秋風撫劍淚酒瀾。」（〈聞虜亂有感〉）這個機會自然沒有被南宋統治者抓住。1184 年陸游又發現了戰機，他作《春夜讀書感懷》指出，我大宋有數千同

心同德的將領，有百萬勇敢堅強的士兵，現在金主完顏雍是一個平庸之輩，手下也沒有什麼良將英才，這是我們出兵雪恥的好機會，要是等到將來有能者取代他，我們就不易得手了。然而，南宋政權求和了。

儘管南宋與金國簽訂了和約，但是陸游卻非常清醒地認識到，和平只是暫時的，金人不會善罷甘休。他寫了一份《上殿札子》，對敵我形勢作了詳盡分析，並提醒皇帝說，金人反覆無常，我們必須隨時做好戰鬥的準備！然而，他積極主戰的言行令保守派十分不安。1180 年 56 歲的陸游被要求回老家待命，即所謂「奉祠家居」。這種人事安排在名義上令其主管當地祭祀事宜，實際是對五品以上不能任事或年老去職的官員的優待安置，只領官俸而無職事，相當於「二線」、「內退」，陸游在這期間曾掛名成都玉局觀主管。

陸游賦閒六年，終於等到淳熙十三年（1186）宋孝宗召見他。陸游以為「天將降大任」了，沒想到皇上對他說：「陸愛卿，你在戰場上辛苦了那麼多年，該享受享受了！朕給你物色了一個好地方，那裡風光秀美，特別適合你吟詩作對、養性怡情。前線的事兒，讓年輕人去跑吧！」於是陸游只好打點行裝，去了嚴州做知州，大概在那裡做了兩年多。後來又擔任過軍器少監任、朝議大夫尚書、禮部郎中等職。1189 年冬天，65 歲的陸游正式退休，回到老家山陰。

一位八旬老翁的退休生活

　　退休回家每天都做什麼呢？寫詩練字是一大塊內容。遼寧省博物館今藏陸游〈自書詩卷〉是這段時期他的代表作，在 2018 年遼博「中國古代書法展」中曾展出。在該手卷的落款處，陸游寫道：「近詩一卷，為五七郎書。嘉泰甲子歲正月甲午，用郭端卿所贈猩猩毛筆，時年八十矣。」我們就先來以此款入手，看看這件作品的創作背景。

宋陸游〈自書詩〉卷（局部），遼寧省博物館藏

　　這個手卷是寫給五七郎的，用的是郭端卿所贈猩猩毛筆。「嘉泰甲子歲」即嘉泰四年（1204），書卷寫於嘉泰四年正月，言明是近詩，那麼這些詩大概作於嘉泰三年（1203）秋冬之際。就在前一年，嘉泰二年（1202），陸游被朝廷返聘過一次。宋寧宗詔陸游入京，主持編修孝宗、光宗《兩朝實錄》和《三朝史》。轉年春天，陸游的史書編撰順利完稿，寧宗擢陸游為寶章閣待制，但陸游已經看破時局，加之已經七十九歲高齡，於是向寧宗乞骸骨。回到山陰老家，陸游繼續過村夫野老的平凡日子，閒暇時寫詩自娛。

〈自書詩卷〉共計抄錄八首詩，內容就是寫此次告老還鄉數月來的日常生活。這八首詩均收入《劍南詩稿》，手卷第一首無題，可能是流傳過程中損壞裁掉了。參考刊稿可知卷前殘缺文字一行即詩題〈記東村父老言〉，後面幾首分別題為〈訪隱者不遇〉、〈遊近村〉、〈癸亥初冬作〉、〈美睡〉、〈渡頭〉、〈雜書〉（二首）。

這幾首詩就像詩人的日記、朋友圈，我們從中可以看到陸游的生活實況。他與村民交朋友，尋訪隱士，欣賞山中小景，鋤地種菜，睡覺做夢……在記錄真實生活狀況的同時，詩人也含蓄地呈現了自己內心世界的一角。

陸游的〈十一月四日風雨大作〉很有名：「僵臥孤村不自哀，尚思為國戍輪臺。夜闌臥聽風吹雨，鐵馬冰河入夢來」。這首詩寫於此前十餘年賦閒山陰之時。那時候他從戰場上被調回，還心有不甘，放不下。而此時的陸游怎麼說呢？他在〈美睡〉中言：「老來胸次掃崢嶸，投枕神安氣亦平。漫道布衾如鐵冷，未妨鼻息自雷鳴。」他已經看透了，知道有些事非一己之力所能左右，個人努力無法改變歷史進程。洗洗睡吧，該打呼嚕打呼嚕。〈雜書〉更加耐人尋味：「萬物並作吾觀復，眾人皆醉我獨醒。走遍世間無著處，閉門鋤菜伴園丁。」醒著，走著，與園丁為伴，但有時候往事湧上心頭，思來想去還是有點寂寞。

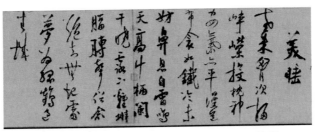

宋陸游〈自書詩〉卷（局部），遼寧省博物館藏

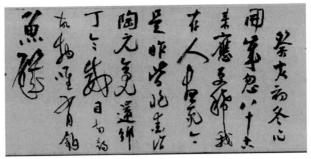

宋陸游〈自書詩〉卷（局部），遼寧省博物館藏

〈癸亥初冬作〉是這種情緒爆發到極點又歸於平復的寫照：「開歲忽八十，古來應更稀。我存人盡死，今是昨皆非。愛酒陶元亮，還鄉丁令威。目前尋故物，惟有釣魚磯。」是的，所謂放下其實是出於無奈，是自我調控與慰藉。這也是陸游的人生之道，否則他不會活那麼久。活得久了，就什麼都見過了，也更容易放下。故交同輩均作古，是非成敗轉頭空，只有釣魚磯還靜靜臥在那裡。說起當年的事，大概也只有那水邊的石頭能懂了吧！

生命的廣度與厚度

陸游創作力非常旺盛，他是中國古代作品最多的詩人，僅在其詩集《劍南詩稿》中保存至今的就有 9300 多首詩，所以他自言「六十年間萬首詩」並非虛言。能創造這個紀錄是多種原因促成的，除了陸游本身的文學造詣深厚，還有一個前提，那就是他不僅僅是寫詩數量為古人第一，而且他是古代最長壽的著名文人之一，他活了 86 歲。

西元 1210 年 1 月，陸游卒。也就是說，陸游參加工作之後，到去世，這期間三次賦閒、退休，前後共計有二十餘年是處於「文藝宅男」狀態。常言道，人生七十古來稀。我們看一下唐宋那些文化名人的壽數：李白 61 歲，杜甫 58 歲，韓愈 57 歲，柳宗元 47 歲，劉禹錫 71 歲，蘇軾 65 歲，黃庭堅 61 歲，王安石 66，朱熹 71 歲，辛棄疾 68 歲，唐宋八大家最長壽的蘇轍也不過 74 歲。陸游的 86 歲，放現在也算高壽，在當時則算天文數字了！據統計，在知識分子地位相對較高、生活環境相對優渥的宋代，士人平均壽命 60 歲左右，陸游足足比絕大部分士人多活了二十多年。多活二十多年所取得的收穫、成就，是被遠遠甩開的那絕大多數人在自己的生命裡再努力也追不平的紀錄。

這二十年裡陸游都做什麼呢？除了〈自書詩卷〉裡面所描述的日常生活，主要是讀書，用他自己的詩句來形容就是

「萬卷古今消永日，一窗昏曉送流年」。他自己寫〈書巢記〉說：「陸子既老且病，猶不置讀書，名其室曰書巢。」陸游還有一首名為〈新開小室〉的詩，說自己新封了個東陽臺，用來讀書。旭日初升時，屋子亮了，眼也明瞭，正是讀書的好時光。和著琴聲和童語，讀書讀到小僕喊吃中午飯，愜意極了。此情此景，不禁讓陸游感慨到：人生在世還有多少年，能每天這樣生活就足夠了……

　　細想起來，陸游的一生傳奇而戲劇。早年「釵頭鳳」的沈園情事令人唏噓，「上馬擊狂胡，下馬草軍書」的戎馬生涯令人感懷，僵臥孤村的愛國情懷令人敬佩，風格多樣、異彩紛呈的萬首詩詞令人稱讚，大氣磅礡、筆走龍蛇的書法墨跡令人驚嘆。他有過愛如潮水相思成病的兒女情長，也有過橫刀立馬馳騁沙場的英雄氣概；他當過殺敵討寇的職業軍人，也做過道觀場所的行業主管；他可以在朝為官撰書修史，也能夠宅家安居澆花種草。藝術源於生活，閱歷豐富、讀書多、活得久，陸游才有可能寫下一萬首詩，否則創造力再旺盛也望塵莫及。

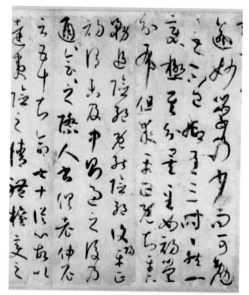

唐孫過庭〈書譜〉卷（局部），臺北故宮博物院

和他的詩文一樣，陸游的字最終能形成這樣的氣象，與他生命的廣度和厚度密切相關。唐代書畫理論家就孫過庭在〈書譜〉中說：「通會之際，人書俱老。」孫過庭的本意當然不是單純說年紀老，而是說書法練到最後達到融會貫通，能夠調和平正與險絕的矛盾，此時的書寫者成熟老成了，寫出來的字自然也老練並趨於完美了。但是年齡和閱歷無疑會增加人生體驗，而書法作為藝術本質上就是人生體驗的一種表達，技法只是實現這種表達的手段和方式。所以孫過庭接著說：「仲尼云：五十知命、七十從心。故以達夷險之情，體權變之道，亦猶謀而後動，動不失宜；時然後言，言必中理

矣。」人到五十歲才能懂得尊崇自然規律，到了七十歲就可以追隨自己的本心了。到了這個境界才能掌握平正與險絕的情勢，體會出權宜與變化的道理。書法、寫詩不都是這個道理嗎？如果「人」都「老」不了，「書」拿什麼「老」呢？

藏在一篇序言裡的文人風骨

——〈木雞集序〉與文天祥

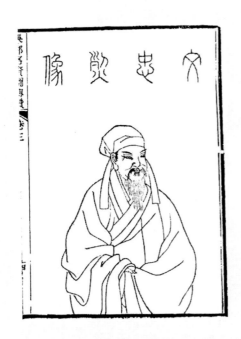

文天祥（1236～1283），字宋瑞，號文山，

生於江西廬陵（今江西吉安南），

南宋末年政治家、文學家、書法家。

抗元英雄，兵敗被俘後堅貞不屈，

就義於大都（今北京），諡號「忠烈」。

　　印象裡第一次見文天祥的墨跡，說起來應該是 2014 年在浙江省博物館「守望千年——唐宋元書畫珍品特展」上，當時展出了遼寧省博物館所藏〈木雞集序〉卷。然而那次展覽佳作雲集盛況空前，我和師友數人跋山涉水去看展，又恰逢週末，人實在太多，沒有辦法駐足認真端詳。

宋文天祥〈木雞集序〉卷，遼寧省博物館藏

　　2018 年末，遼博「中國古代書法展（第二期）」又展出該卷，這次在家門口可以看得「任性」了。屏息靜氣地凝視之下，我深受震撼。如果找兩個詞來形容這樣的字，我想首選是勁拔、雋逸。文公死得太慷慨悲壯，從前對他概念式的印象，大部分來自「人生自古誰無死，留取丹心照汗青」的千古名句，而且既然領兵打仗，號令三軍，那想當然寫出來的字應該是雄渾奔放、豪邁粗獷的。今得親見，沒想到竟是如此的字體清秀、點畫精妙。整幅作品的字大都重心下移，沉穩從容，且毫無滯澀之感，筆勢迅疾，有如行雲流水一氣呵成；而在細膩流暢之間，又互不黏連，乾淨俐落。讀罷真是感到賞心悅目，神清氣爽。

帥哥學霸入仕之初並不順利

　　文天祥出生於江西廬陵一個書香門第，在他之前家鄉最有名的大人物是北宋歐陽修。歐陽修諡號「文忠」，這是很高的榮譽，如此境界也是鄉里讀書人的至高追求。縱觀文天祥一生，同樣也絕對擔得起「文忠」二字。文家小有田產，常常賑濟飢民；父親文儀終身不仕，卻酷愛讀書；母親亦知書達理，曾為供兒子讀書而變賣首飾。21歲時，文天祥應殿試，文章超群，被理宗欽點為頭名狀元。據《宋史》，文天祥不僅才華橫溢，而且是超級帥哥，說他「體貌豐偉，美皙如玉，秀美而長目，顧盼燁然」。真乃人中龍鳳，天之驕子！

　　然而造化弄人，文儀恰在此時病逝，他留給兒子的最後一句話是：「我死，汝惟盡心報國家。」文天祥必須擱置正待開啟的仕途之旅，居家為父守喪。更令人錐心的是，這期間時局急轉直下，奸佞禍國殃民，文天祥面臨的將是報國無門的窘境。

　　寶祐六年（1258）秋，蒙古大汗蒙哥攜其弟忽必烈和大將兀良合臺兵分三路大舉南下。右丞相兼樞密使丁大全卻隱瞞軍情粉飾太平，等理宗反應過來的時候，蒙古鐵騎已經兵臨長江北岸，丁大全、董宋臣等人竟主張遷都避戰。說話間已經轉年，文天祥回京，發現一國之都竟然到處彌漫著投

降、逃跑的氣氛。他怒髮衝冠，以「敕賜進士及第」的身分冒著死罪奏諫〈己未上皇帝書〉，力駁遷都論，並提出救國之策。然而，奏摺遞上去後沒有半點回音。

開慶元年（1259），忽必烈猛攻鄂州，丁大全罷官，宋理宗將其發配到海島。船過藤州，押解將官將丁大全擠入水中沉溺而死。吳潛拜左丞相兼樞密使，主持朝政，賈似道拜右丞相兼樞密使，在前線督戰。然而，這一年的年末，蒙哥突然去世。忽必烈迅速北歸，他要為成為未來的蒙古最高統治者而採取一些行動。這無疑讓南宋軍民緩了一口氣，賈似道以凱旋者的姿態趁機把持了朝政，他隱瞞自己曾以辱國的條件向忽必烈求和的事實，稱忽必烈的撤退為「鄂州大捷」。忽必烈撤兵後，賈似道立即撕毀協議追殺蒙古軍隊的散兵游勇，用他們的人頭作為自己勝利的證據。從此賈似道開始了他權傾朝野、粉飾太平、蒙蔽皇帝、扣留蒙古使節的醜惡政治生涯，前後長達 16 年之久。期間，襄陽城被圍五年他竟隱匿不報，皇帝從宮女那裡聽說此事後詢問賈似道，賈似道氣憤地說：「謠言，純屬謠言！」然後那個宮女就死了。

文天祥於 1260 年被授予小官職，但他後來還是因為忍不住批評賈似道而被罷官。

投筆從戎成為最美逆行者

　　1264 年，理宗病逝，度宗即位，而此時忽必烈治下的元大都已經成了世界上最壯麗的城市，號稱「人煙百萬」[1]，「萬國赴如水」[2]。五年後，忽必烈決定雪洗當年鄂州之辱，進軍湖北，圍攻襄陽。1273 年，在巨炮的轟炸下，襄陽城破。人才凋零的朝廷又重新啟用文天祥，他於是年 3 月赴任湖南提刑。也是在這一年，文天祥應同鄉好友張宗甫的請求，為其詩集《木雞集》作序。文天祥在〈木雞集序〉中談了什麼呢？簡單說他是借友人邀約的由頭談了自己對讀書治學的看法，即從難從嚴。那他讀的是什麼書、治的是什麼學？寫完這篇序文五年後，文天祥苦戰元軍被俘，他用自己的行動給出了問題的答案，他用生命詮釋了何為讀書人的至高境界。

1　出自元權衡《庚申外史》。
2　出自元揭傒斯：《雜詩二首寄彭通複‧其一》。

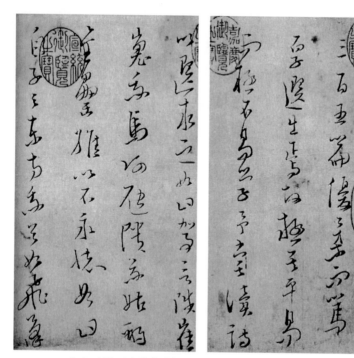

宋文天祥〈木雞集序〉卷（局部），遼寧省博物館藏

　　德祐二年（1276）正月，奄奄一息的南宋朝廷任命文天祥為右丞相。論及文天祥的生平，有人可能會覺得怎麼說文公還做過丞相，高官厚祿總是有吧！事實上，文天祥被封右丞相之時，國都都已經陷落，南宋已經成為流亡政權。說白了那時候還能跟著皇帝跑的，就是能吃苦、不要命的。文天祥出生入死南征北戰，小皇帝趙昺逃亡海上的時候，他竟然招兵北上，收復多處失地。然而，一個文天祥終究不能抵禦那個彼時疆域已經橫跨歐亞大陸的超級帝國的百萬鐵騎。

1278 年，始終頑強抵抗元軍的文天祥在廣東海豐被俘，拒絕投降，被押送至大都。1279 年，左丞相陸秀夫背著 8 歲的懷宗趙昺在崖山投海自盡，元統一中國。

在被押往大都的路上，文天祥不斷被勸降，他用一首〈過零丁洋〉答覆元軍，「人生自古誰無死，留取丹心照汗青」。到達大都後文天祥得知妻女竟然都在，只是不能相見。忽必烈誘降，讓文天祥的女兒給他寫信，文天祥回信說：「痴兒莫問今生計，還種來生未了因。」然而寫完終究不忍發出，又給妹妹寫信交代後事，托其轉告兩個女兒：「爹爹管不得，淚下哽咽，哽咽！」

在作〈木雞集序〉那一年，文天祥還同樣受人之托寫過另一個作品，那就是草書〈謝昌元座右銘自警辭卷〉。他在文中專門講到「人倫」問題，他說：「人之所以為人者，以有人倫也。……惟其出於天性，是以均為人道之大端。親者無失其為親，故者無失其為故，各盡其分，所以為人也。」人之所以為人是因為人講倫常，用孟子的話說即「父子有親、君臣有義、夫婦有別、長幼有序、朋友有信」。這是文天祥作為儒家弟子終身不渝的信仰，此時要面對人間最後的告別，還是近在咫尺不能相見的親人、女兒，該是怎樣的心境啊！〈謝昌元座右銘自警辭卷〉真跡今藏國家博物館，2020 年秋天我去國博遊覽，恰逢該卷展出，而且大概是受疫情影響，觀眾很少。此卷的筆法在〈木雞集序〉那種

勁拔、雋逸的基礎上，又多了任性和縱放，篇幅、字跡都相較略大。獨自站在展櫃前靜靜瞻觀，只覺一股豪邁之氣撲面而來。

文天祥〈謝昌元座右銘自警辭〉卷（局部），國家博物館藏

忽必烈敬佩文天祥的才學人品，非常想收為己用，囚禁四年，對其軟硬兼施，但文天祥終不改其志。此時他的國亡了，他的君崩了，他的同事、戰友死的死，跑的跑，降的降，他決絕地在獄中寫下一首〈正氣歌〉，然後凜然與死神對視。

「天地有正氣，雜然賦流形。下則為河岳，上則為日星。於人曰浩然，沛乎塞蒼冥。……是氣所磅礴，凜烈萬古存。當其貫日月，生死安足論。……悠悠我心悲，蒼天曷有極。哲人日已遠，典刑在夙昔。風簷展書讀，古道照顏色。」忽必烈最後一次請文天祥面談時，文天祥依然態度堅決，但求一死。臨刑前，監斬官問他還有什麼要說的，他向

圍觀的人詢問南北方位，然後南向而拜，慷慨赴死。

西元 1282 年，文天祥殉難，年四十七。

次日妻子殮屍時在他的衣帶間發現絕筆詩一首：「孔曰成仁，孟曰取義，唯其義盡，所以仁至。讀聖賢書，所學何事？而今而後，庶幾無愧。」文天祥用實際行動實踐了自己的治學觀，我以為他的死可以稱之為「殉道」。古人真是有性情有氣魄，今人萬里挑一不及其萬分之一！

身後餘音不絕回蕩千載中華

文天祥殉難後八年，一位書生在富春江畔登西臺，設牌位哭祭亡靈。用竹如意擊石而歌：「魂朝往兮何極，暮來歸兮關水黑，化為朱鳥兮有味焉食。」歌罷，竹石俱碎。

這個人叫謝翱，南宋愛國詩人，「福安三賢」之一。他曾於恭宗德佑二年（1276）率鄉兵數百人投奔文天祥，被委任諮議參軍。文天祥兵敗後，謝翱輾轉於浙皖等地，後與方鳳、吳思齊、鄧牧等結月泉吟社，以詩寄情。該詩社所編撰的《月泉吟社》，是中國現存最早的一部詩社總集，而謝翱是詩社的聯合創辦人、詩集的評審編校者之一。他在《西臺慟哭記》中說，他曾三次哭祭文天祥。文公的音容笑貌、和自己話別的場景每每出現在夢中，卻苦於元兵追殺，夢中見到文公竟至不敢哭出聲，言辭切切，感人至深。

西臺，即嚴子陵垂釣處，所以又稱嚴子陵釣臺。嚴子陵

又是誰呢？他是中國歷史上一位著名隱士。據《後漢書‧逸民列傳》，嚴子陵年少時在國都長安遊學，因才華出眾而聲名遠播。當時他有一個關係很好的同學叫劉秀，兩人時常煮酒論道。西元 25 年，已經成為天下最強的軍事力量首領劉秀稱帝，建立東漢。這時劉秀忽然想起一個人來，對，他的老同學嚴子陵。以嚴子陵的才華足以輔國，得之可安天下。於是光武帝劉秀派人到處尋找嚴子陵，找到後又三次命人請都沒請來。劉秀不死心，又寫了親筆信讓人送去，言辭誠懇謙卑之至，嚴子陵實在不好意思拒絕了，終於決定到洛陽見劉秀一面。劉秀興奮極了，拉著嚴子陵噓寒問暖，討論天下大勢，聊到半夜同塌而眠。幾日後嚴子陵悄然離去，歸隱富春江。建武十七年（41），光武帝再一次徵召嚴子陵，嚴子陵再一次拒絕，並索性回到故里陳山，幾年後在山中仙逝，享年 80 歲。

謝翱在嚴子陵釣臺想起文丞相而慟哭，顯然有將文天祥與嚴子陵相比之意。兩人同樣具有輔國之才，命運卻截然不同，如果文丞相也能像嚴子陵那樣終老山林該多好啊！這又關乎中國文人兩種道路選擇的思辨：是像文天祥那樣鞠躬盡瘁死而後已，還是像嚴子陵那樣持守高潔隱逸田園？

元至正七年（1347），年過八旬的全真教大痴道人雲遊至富春江，感嘆不已。索性住下來，他要用筆墨描繪這裡的山石草木。大痴道人俗名黃公望，也是入過官場下過牢獄

的，最終參透紅塵出家為道，繪畫造詣位列「元四家」之
首。三年後，他在這部未完成的畫稿上題跋，將這幅畫送給
了他的師弟無用師。此後這幅畫不停流轉易主，傳奇無數。
大痴道人不僅精於字畫，而且諳熟易學。他在跋中落款庚寅
年，結果三百年後又一個庚寅年，這幅畫被一燒兩截，此後
兩部分殘畫各自飄零，最終卷首〈剩山圖〉歸浙江省博物
館，帶跋尾的後半部〈無用師卷〉藏臺北故宮博物院。而又
三百多年後的庚寅年，兩岸有關方面達成一致，做出連袂舉
辦〈富春山居圖〉合璧展的決定。也許一切皆在冥冥中吧！

元黃公望〈富春山居圖〉「剩山圖卷」，浙江省博物館藏

元黃公望〈富春山居圖〉「無用師卷」，臺北故宮博物院藏

在〈富春山居圖〉中黃公望的技法已經達到了爐火純青
登峰造極的地步，所以後世畫者無不以看一眼真跡為幸，許
多畫家文人都把觀〈富春山居圖〉作為一件大事列在自己的
履歷上。就是在 2014 年那次浙博與遼博共同舉辦的「守望
千年：唐宋元書畫珍品特展」上，因病休假的我不顧身體

不適，和幾位師友結伴去了杭州，拜謁大癡道人的〈剩山圖〉。觀者如織，停留片刻乃是奢望。

黃公望與王蒙、吳鎮、倪瓚合稱為「元四家」，他們代表著元代繪畫的最高成就。看過以〈富春山居圖〉為首的元代文人畫的朋友會發現，他們很少用到顏料，而特別強調墨的層次變化，也就是所謂的「筆墨精神」，因此他們絕大多數作品都是黑灰白色系的。這是為什麼呢？原來，在蒙古政權的統治下，漢族百姓和士人受到壓制，許多讀書人選擇了隱逸的生活方式。「亡國」的憂傷始終縈繞在心頭，他們永遠忘不了先輩如文天祥者的慷慨悲歌，所以畫家們就以素色山水來寄情言志。正是在這樣的背景下，他們把筆墨精神發揮到一種極致，如〈富春山居圖〉中就有多種技法上的創新。

這樣的表達方式，使得文人畫的在元代迅速正式確立並達到成熟，使得形似與寫實迅速退居次要位置，注重個人情感的抒發成為元代山水畫的重要藝術旨趣。這種「有我之境」，與文人士大夫的傳統儒家信仰表達密不可分，文天祥恰恰是其中的傑出代表。

孤獨的人們隔空舉杯
──〈枯木竹石圖〉與趙孟頫

趙孟頫（1254～1322），字子昂，號松雪道人，
湖州（浙江吳興）人，宋太祖十一世孫。
宋末元初書法家、畫家、文學家、詩人，
繪畫被稱為「元人冠冕」，
楷書名列「顏柳歐趙」四大家之一。

　　西元 1276 年，蒙古大軍攻占南宋都城臨安。三年後，南宋滅亡，元世祖忽必烈定鼎中原。與以往的大一統局面不同的是，這不僅是一個新的政權，而且是一個少數民族政權，在躲過遼夏金的鐵騎之後，趙宋江山還是落在了蒙古人手裡。對於當時的漢族文人士大夫來說，這是很難接受的現實，因此他們默默地地隱起來。文天祥的〈正氣歌〉始終在耳畔迴蕩，久久不散。為了守住氣節，許多讀書人堅持不在異族統治的新朝入仕。所謂「餓死事小，失節事大」，這是一個大過生死的問題。

　　然而，宋太祖十一世孫趙孟頫竟然對元帝俯首稱臣，在江南世士人看來，這絕對是不可理解和不可饒恕的罪過，而在元廷立場視之，同樣難以置信，他們原本沒有抱太大希望。可是趙孟頫真的就範了，他為什麼這樣做，難道就是為了香車寶馬榮華富貴？

我有一個夢想

　　起初，趙孟頫的確也隱起來了，但是忽必烈派程鉅夫南下禮聘賢達，對趙孟頫本來是試試看的招撫，竟然成功了，作為趙宋皇族後裔，他最終竟然真的接受了蒙元的官爵。因此，兩邊投過來的都是鄙視的目光，豬八戒照鏡子，趙孟頫何其尷尬！之所以能夠在在這樣的窘境中忍辱偷生，趙孟頫的心中其實有一個夢想，他相信為此付出一些代價也是值得

的。趙孟頫的夢想是什麼呢？

這事還得從他的前輩師友錢選說起。在程矩夫南下禮賢的時候，也請了錢選，但錢選堅決不從。和文天祥一樣，他是剛剛走上仕途就遭逢國破之難，於是一把火燒了從前的著作，退隱山林，棄文從藝，以賣畫為生。宋朝盛極一時的畫院在元初衰敗了，梁楷和牧溪所代表的禪畫也無法形成氣候，所以錢選在醉心於詩書酒的同時，苦苦思考著一個問題：何為中國繪畫的傳統又怎樣才能革新？他宣導文人畫，主張復古。可是南宋偏安一隅一百五十餘年，藝術上華夏的大唐氣象和北宋遺風他很難感同身受。

趙孟頫儘管選擇了和錢選完全不同的人生道路，但是他在內心深處是非常贊同錢選的主張的，他想解決錢選那個始終沒有找到滿意的答案的問題，更重要的他試圖透過藝術慰籍文人士大夫們破碎的心。趙孟頫北上後發現，元大都作為當時世界上最繁華的城市，其氣度與格局與文史典籍裡的大唐長安極其相似！同時，在南北文化隔絕一百五十餘年之後，趙孟頫感受到了久違的北宋畫風。北方的畫風是什麼呢？是北宋前期李成和郭熙等人建立的體系，可是這些早已被江南藝術家所淡忘。政權倉促南遷，沒能帶走藝術的傳統和文化的積澱。

趙孟頫往返於南北之間，一方面促進了南北文化的交流和融合，另一方面他將他所感受到的唐風宋韻凝結在筆端，

對於振奮文人士大夫的精神、增強文化自信無疑會起到非常
大的作用。

　　誠然，夜深人靜的時候，料想趙孟頫不是沒有糾結過、
痛苦過。他一次次默寫〈千字文〉，默寫歐陽修的〈秋聲
賦〉，默寫陶淵明的〈歸去來兮辭〉……漫漫長夜，只我一
個人醒著，歐陽子筆下那時而淅瀝時而澎湃似暴風驟雨和金
戈鐵馬的秋聲，我也聽到了。孤寂嗎？驚悚嗎？當初「天地
玄黃，宇宙洪荒」，曾經「愛育黎首，臣伏戎羌」，如今改
了朝代、換了人間，曾經的家國已不在。歸去？不歸去？這
是一個問題。

　　是的，這可能是我一廂情願的推測，但我們有理由相
信，作為一個敏感的藝術家，歷史上那個真實的趙孟頫，其
內心深處要遠比這更複雜。

趙孟頫的傳承與創新

　　2017 年秋冬之際，北京故宮武英殿迎來了一場超級藝
術盛宴。

　　這是一次規模空前的趙孟頫作品特展，展品由北京故宮
博物院、上海博物館、遼寧博物館等機構聯合提供，涵蓋趙
孟頫一生書法繪畫精品及其前輩錢選和後輩王蒙、黃公望、
吳鎮等人作品一百餘件。其中三件趙孟頫的繪畫作品非常值
得關注，一件是遼寧省博物館藏〈紅衣西域僧圖〉，另外兩

件是北京故宮博物院藏〈秋郊飲馬圖〉和〈秀石疏林圖〉。

元趙孟頫〈紅衣西域僧圖〉卷，遼寧省博物館藏

元趙孟頫〈秋郊飲馬圖〉卷，北京故宮博物院藏

元趙孟頫〈秀石疏林圖〉卷，北京故宮博物院藏

　　前兩者是趙孟頫復古的代表作。因為他在大都體驗到了類似大唐鼎盛時期的中外文化交流活動的氛圍，所以無論是題材內容還是表現手法，這兩幅畫都有鮮明的唐人風範。趙孟頫筆下馬的形象特別耐人尋味，因為這既是大唐威服四方的象徵，又是蒙古人雄圖霸業的寄託，因此可以大膽地畫、盡情地畫。用唐法畫今馬，還有另外一層含義，那就是自比，因為馬在漢文化語境中有良才的寓意，生不逢時是趙孟頫一生的心病。同樣地，趙孟頫畫西域僧，依然有著一個暗喻，表面上畫的是不久前剛剛去世的西域高僧膽巴喇嘛，實際致敬的卻是當時遠在萬里之外的薩迦寺潛心學佛的合尊法師──南宋恭帝。透過復古，趙孟頫找到了自己生命的源頭，用藝術為自己所受到的道德指控進行了辯護。

　　〈秀石疏林圖〉則是趙孟頫藝術革新的代表作。趙孟頫的革新絕不是簡單的風格的變化或者技法的開創，而是中國繪畫史的一次重大轉向，他確立了中國畫的一個偉大傳統：書畫一律。在這幅畫中，古樹修竹掩映山石，畫家以草書飛白之筆寫石，以篆書籀文之筆寫樹，以隸書勁挺之筆寫竹，並題詩說：「石如飛白木如籀，寫竹還於八法通。若也有人能會此，方知書畫本來同。」也就是說畫的境界層次取決於書法的造詣，這絕不僅僅是筆法的問題，更是文人精神的生髮。這其實不難理解，因為中國繪畫用了與書法相同的材料：毛筆和宣紙，而中國文人對書法藝術的探索在晉唐時期

就已經達到了一個巔峰。如何用筆，如何用筆來傳達情感，繪畫完全可以直接從書法那裡借鑑。中國畫從此可以不再叫繪畫，而叫寫畫，書寫的寫，寫意的寫。

書畫同源是以趙孟頫為標竿的宋元文人藝術家的共識，也是中國畫發展到成熟階段的一個核心理念。所以如果今天有人畫中國畫，卻不重視書法，那麼他畫的永遠不是中國畫，而頂多是毛筆繪圖紙紋樣。或者說有人國畫畫得很好，但書法不行，這也是絕對的悖論，從正統的中國畫理論上講，書法不行的人不可能畫得好。當你走進一個中國畫展廳看一幅畫的時候，盡可以先看題款，字不行的，畫的格調不會高，不看亦可。當然看字行不行，也需要眼界，靠的是長期的藝術修養。趙孟頫開創了一條與西方藝術迥然不同的偉大道路，所以才有了後來的黃公望，才有了元四家，才有了八大、石濤，他們將中式的東方美學推向了極致。

在趙孟頫所生活的時代，遙遠的西方有一位名叫喬托（Giotto）的藝術家，同樣在思考藝術的復古與革新問題，在某種程度上和趙孟頫的寫意藝術實踐形成了呼應。他所要復的古是古希臘、古羅馬的古，他主張藝術要回歸人與自然。

喬托之前，漫長的中世紀裡，歐洲主流繪畫所表現的主題都是上帝，沒有人的肉身和情感。喬托的偉大在於，他強調了繪畫對於人的感情和感覺的表現，這其實就

是「人文主義精神」。他和傑出的詩人、作家但丁（Dante Alighieri）聯手開啟了歐洲的文藝復興，才有了後來的達文西（Leonardo da Vinci）等「美術三傑」，喬托之於達文西就如同趙孟頫之於八大。在西方繪畫史上，這種對人的情感表現在 20 世紀走到了一個極致，被稱為表現主義。所謂表現主義，用什麼表現又表現什麼呢？是用誇張變形甚至怪誕的手法來表現藝術家的主觀世界。藝術家極力表現內心的情感，而弱化對事物形式的摹寫，甚至畫面形象是扭曲和抽象化的。所以在表現主義風格之下，畫家所畫事物都是「不像」的。

實際上早在趙孟頫之前，蘇軾就曾說：「論畫以形似，見與兒童鄰。」[1]意思是說，如果用像與不像的標準來評判一幅畫的優劣，則是極其幼稚的。由此可見無論東方藝術還是西方藝術，儘管存在諸多差異，但在很多問題上具有共鳴。

遊弋在傳統與未來之間的藝術家

2019 年 6 月 2 日，青年藝術家鄧宇以「入戲」為主題的個人作品展在魯美開幕。記得當年第一次看到鄧宇的繪畫作品之後，我就驚詫於京劇和油畫竟然可以透過這樣的方式

1　這句話出自蘇軾的〈書鄢陵王主簿所畫折枝二首〉（其一），全文是：「論畫以形似，見與兒童鄰。賦詩必此詩，定非知詩人。詩畫本一律，天工與清新。」

進行對話。在這次畫展中，他用西洋的油彩重新詮釋了關雲長、單雄信、竇爾敦、鍾馗、項羽、焦贊等傳統英雄人物的戲曲舞臺形象。鄧宇的創作不是對這些形象進行臉譜式的描摹，而是全新的演繹，讓他們穿越千百年的時光重生。

西方的繪畫語言中，鄧宇的作品是靠近表現主義的。他筆下的形象，其實是他所理解和感受的形象，或者更進一步說，就是他的理解和感受，形象還在其次，所以你看不清誰的眼睛誰的鼻子誰的嘴。形象只是一個由頭和載體，藝術家最終要表現的就是一種生命狀態，一種流動的氣韻，這種氣韻和戲曲舞臺上的精神是相通的，就是通常所說的「精氣神」。因為，戲曲的舞臺語言本身就是一種非常抽象的符號化語言，誇張的臉譜，誇張的表演，誇張的臺詞，誇張的唱腔，誇張的動作，有道是「三五步千山萬水，六七人百萬雄兵」，捨形取意，得意忘形。

鄧宇「入戲」系列創作的有趣之處在於，這是一個從歷史到傳說，從傳說到舞臺，再從舞臺到畫面的過程。可以說，這是演繹的演繹的演繹。因為戲曲舞臺上許多唱段是對歷史的戲說或對傳說的演繹，我們要麼在通俗文本中看過，要麼在評書曲藝節目裡聽過，而畫家又對這些舞臺形象進行再度刻畫，賦予這些故事和人物新的韻味。這讓我想到一個大家都非常熟悉的傳話遊戲，經過多次傳遞，一句話傳到最後往往面目全非，和原意風馬牛不相及。鄧宇筆下那些我們

耳熟能詳的人物也是「面目全非」的，因為筆法很抽象，你看不清人物面龐，但是你卻能一下子被關雲長的義蓋雲天所震撼，突然被竇爾敦的英雄孤膽所打動，始料未及地撞上單雄信那努放的生命，以及鍾馗的袍袖間那噴薄欲出的天地正氣。

在展廳現場的一個角落，堆著一摞一人來高的書法草紙，是主辦方隨手從鄧宇的畫室搬來的。我想，一個油畫家每天練書法，絕非只是興之所至的個人愛好。事實上，你可以清晰地從鄧宇的作品中讀到中國書法的神韻，如竇爾敦亮相時那枯筆飛白的長髯，如西楚霸王起范兒時那四下濺開的墨花，這種技法和氣息是過去西方油畫裡原本沒有的。關於書法與油畫，鄧宇並不是為了融合而融合，書法筆意的介入取決於表現效果。他有時為了這個效果會扔下筆，用竹枝做的小掃帚來鋪排顏料，他甚至還借鑑民間匠人花鳥字的書寫手法，透過拉、轉、切、掃等方式在畫布上對顏料進行處理，製造出流動的意象。中國畫中的一些傳統技法也常常在鄧宇的繪畫中出現，比如潑墨、渲染和皴擦。

喬托與趙孟頫的共鳴，實際上也是西洋油畫和中國戲曲能在鄧宇這裡實現無縫對接的真正原因。然而，類似如此簡單的道理卻被諸多學院派藝術家所忽視。他們強調所謂的觀念藝術，卻並無真正的觀念要表達，於是模仿和抄襲大量出現；他們不屑於表現評書演義裡土掉渣的情節和人物，卻根

本不知道自己要表現什麼，所以故作高深的假大空藝術比比皆是。鄧宇並非嚴格意義上的科班出身，他的藝術主張與實踐其實是被許多學院派藝術家所不屑的，把他這種創作稱為「野路子」。我恰恰覺得，這樣的「野」式探索不妨多一點。

對於先賢我們究竟有多少誤會
——〈墨梅圖〉與王冕

王冕（1310～1359），字元章，
號煮石山農，亦號食中翁、梅花屋主等，
浙江省紹興市諸暨楓橋人，
元末著名畫家、詩人、篆刻家。

我記得上小學時有一篇語文課文講王冕少年學畫的故事。大意是說，從前有個叫王冕的孩子，只念了三年書，因為家裡窮就輟學去給人放牛。有一天下大雨，雨後他看到湖中荷花非常漂亮，就心生描摹之意。於是他攢錢買來紙、筆和顏料，每天把牛趕到湖邊後，就專心地畫起來。開始怎麼也畫不好，可是他不灰心，天天畫，天天畫，最後他畫出來的荷花「就像剛從湖裡採來的一樣」，畫家王冕就這樣誕生了。幾十年來，該故事經過改編出現在多種語文教材或教輔書中，漸漸成為勤學苦練終有所成的樣本，王冕也就被當作了自學成才的典範。但是，這裡面有很大的問題必須澄清，否則可能會引起很大的誤會。

一個以訛傳訛家喻戶曉的勵志故事

這個故事出自吳敬梓的《儒林外史》，後世流布很廣，衍生出多種改編本，以各種兒童蒙學讀物、連環畫和動畫片的形式出現。其中有的版本還加進了一些情節。比如，說王冕起初買不起繪畫用具，就揀樹枝在沙土上練習畫畫。無獨有偶，這種學畫方法在我們的另一篇小學語文課文〈神筆馬良〉的故事裡也出現過。在那個故事裡，說窮孩子馬良想學畫沒有錢，於是在上山打柴時就用樹枝在沙地上練習畫畫，後來的結局大家都知道了，練成了「神筆」——像真的還不夠，直接變成真的了。

從某種意義上說，這兩則故事對中國傳統繪畫以及藝術教育存在著極大的誤解。就這兩則語文課本裡出現過且現今依然是孩子閱讀對象的故事，我想澄清的問題涉及兩個方面：一個是寫生與臨摹的關係，一個是中國畫能否完全自學。

　　馬良是文學虛構的人物，王冕則確有其人。他字元章，是元朝人，一生未入仕，靠種田賣畫維生，前半生在各地遊歷，後半生隱居九里山中。真實的王冕也的確是元代著名畫家，同時也是一位篆刻家、詩人。2020 年新年伊始，我曾在上海博物館見到王冕的〈墨梅圖〉（軸）之一，右部中間王冕自題詩云：「瑪瑙坡前梅爛開，巢居閣下好春回。四更月落霜林靜，湖水琴聲載鶴來。」兩邊隔水綾上有翁方綱、伊秉綬、陳嵩慶等名家題跋手跡。

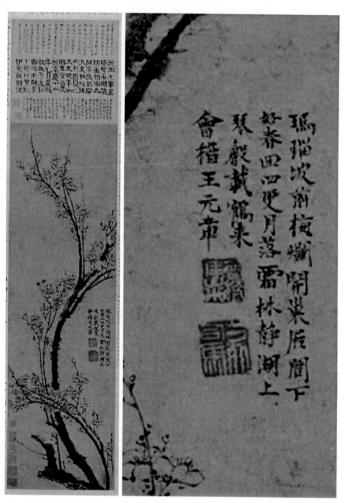

元王冕〈墨梅圖〉軸（之一），上海博物館藏

　　說王冕〈墨梅圖〉「之一」是因為上博所藏〈墨梅圖〉
不只有這一件，而且另有一件「倒垂滿屏」的〈墨梅圖〉更

有名氣。因為那一幅在構圖上超越前人的定式，別出心裁地以千條枝綴萬朵花，幹支交錯，滿屏皆梅，營造出了出人意料的視覺效果。然而這件題有「瑪瑙坡墨梅」無論在筆法上還是氣韻上，卻均不輸於那幅「倒垂墨梅」。此幅墨梅老幹發新枝，枝條用筆挺勁，充滿了生命的張力；花朵分布繁而不亂，疏密相宜，清新飽滿。整個畫面構圖有昂揚向上之勢，同時呈現出清冷孤寂、傲然不群的意境。

元王冕〈墨梅圖〉軸（之二），上海博物館藏

　　小學課文那個王冕學畫的故事，會給我們這樣一個錯覺：王冕是自學成才，而且完全靠現場寫生。實際上，在當時的條件下，自學成才幾乎是不可能的，憑空出現一位大師的情況是不存在的。為什麼這麼說呢？中國畫和書法一樣，要從臨摹起步。因為，無論是國畫還是書法，都有一套自成體系的話語系統，都有各自筆墨技法的因襲和傳承。如果不是有神諭，這些話語、技法不太可能自悟出來。同時，沒有傳承何來突破，前面沒有人你突破誰呢？如果說今人學畫學書可以透過看畫譜、字帖自學，透過網路技術線上學習，那麼當時家境貧寒的王冕又何以師法呢？

　　課文裡講，「王冕開始怎麼也畫不好，可是他不灰心。他仔細觀察荷葉和荷花的形狀，觀察清晨傍晚、雨前雨後荷花的變化。他天天跟荷花在一起，把荷花當成了好朋友。這樣練習畫了很長時間，那紙上的荷花就像剛從湖裡採來的一樣。」從專業角度講，這是非常荒唐的。這種寫生恰恰在西方現代繪畫中占有更重要的位置，中國畫不是不講寫生，但是中國畫無論是寫生還是寫意，都必須建立在掌握基本技法與話語的基礎上進行。也就是說你先是要掌握表達方式，其次才是組織你的表達內容。如果王冕完全是對荷畫荷，那便如隔空取物，他的畫將和中國畫傳統沒有任何關係，將會完全是另一個畫種，會不會更像以寫生為基本功的素描、水粉也不得而知。然而，事實顯然並非如此。

還原王冕真實的畫家身分和求學經歷

了解一點中國繪畫史常識就會知道，元朝是中國文人畫發展的高峰。在宋代蘇軾、米芾等人的發軔之下，元代文人在蒙古政權入主中原的「國難」發生後，感於時事，發乎性情，掀起了文人畫創作的浪潮，誕生了以「元四家」為代表的一大批傑出畫家。文人畫在內容上最鮮明的特徵是寫意，絕不以畫得「像」為藝術旨歸；文人畫在形式上多以詩書畫一體的樣貌出現，全方位表達作者的思想和情感。

王冕，從他傳世的畫作看，是一位典型的文人畫家。我們今天見其畫作均有題詩，王冕最著名題詩畫的北京故宮博物院藏的一版〈墨梅圖〉，畫上題詩曰：「吾家洗硯池頭樹，個個華花開淡墨痕。不要人誇好顏色，只流清氣滿乾坤。」其書法精妙，練氣於骨，加之他又是一位卓越的篆刻家，所以王冕著實是元代詩書畫印皆精的文人畫家之翹楚。

蘇軾開創文人畫一派，他提出：「論畫以形似，見與兒童鄰。」後世文人畫家無不以此為圭臬。那麼問題來了，王冕怎麼可能畫出來荷花「就像剛從湖裡採來的一樣」呢？事實上，我們去北京故宮博物院、上海博物館、臺北故宮博物院、美國大都會博物館看王冕的荷花——不——梅花，哪一幅也不是寫實的。王冕畫的本就是「墨梅」，沒有顏色的，若論像不像，這和真實的梅花在形象上相去甚遠。我們今天

所見王冕作品皆梅花，他到底有沒有畫過荷花都是個問題。畢竟從編故事的角度看，一邊放牛一邊看梅花的情況不太好解釋，那種「就像剛從湖裡採來的一樣」的繪畫風格，理論上不可能出自王冕筆下。

講到這，有人可能還會有疑問：一個小學輟學的窮苦孩子怎麼會畫出文人畫呢？畢竟文人畫家是要有很深厚的學養的，要會寫詩，還要書法功夫好。的確是這樣，我們隨便提幾個歷史上著名的文人畫家就知道這是怎樣一批人了，如蘇軾，如黃公望，如沈周，如唐伯虎，如文徵明……但是，王冕的學養和他們比起來未必遜色！說他「只念了三年書」完全是造謠。

我們大部分人知道王冕是因為他是個畫家，實際上畫家頂多是他的第二身分，儒士、文人、學者才是他的第一身分。根據王冕《竹齋集》、明史《王冕傳》、宋濂《王冕傳》、全祖望《參軍王先生冕傳》及《明太祖實錄》等史料文獻記載，王冕不僅不是只念三年書，而且還先後師從大儒韓性、王艮，是一位非常淵博的大學問家。

韓性是元代著名儒學家和教育家，《元史》說他天資聰慧，七歲開始讀書，「數行俱下，日記萬言」；九歲通《小戴禮》，寫文章操筆立就，文意蒼古；再大點就博覽群書，經史諸子無不涉獵，尤其精通理學。他以講學為業，門人弟子非常多。在韓性的薰陶下，青少年時代的王冕曾致力科

舉，以圖成為經世治國之才。但是元朝的科舉取士不僅舉行的次數很少，而且對漢族子弟非常不公平，這條路註定走不通。王冕後來就焚毀了從前寫的文章，稱那是小孩子的幼稚行為，然後把大部分精力放在了藝術上。王冕是韓性最得意的弟子，也是他最得真傳的弟子，相當於「大師兄」，韓性死後，其門人像敬重韓性那樣敬重王冕。

王艮與王冕係同鄉，更準確地說兩人應是亦師亦友的關係。王艮是學者型官員，著有《止止齋稿》，《元史·良吏傳》說他「尚氣節，讀書務明理以致用」，官至中憲大夫、淮東道宣慰副使。王冕的父親去世後，王艮曾到王冕家裡看望他和他的母親，王冕也曾到王艮做浙江檢校的工作單位拜訪。王冕在自己的詩集中僅對兩個人稱「先生」，一個是韓性，另一個就是王艮。王艮去世後，王冕一連寫了三首〈悼止齋王先生〉詩緬懷他，這也是絕無僅有的一次。詩中有一句說：「山河萬里人情別，回首春風說向誰？」可見兩人互為知己、感情深厚。

還有一件事可以證明王冕才學過人，在當時名氣很大。王冕儘管科舉不順，但是後來曾經有過入仕的機會，但是他彼時已經了悟人生，沒有了做官的願望。曾任秘書監丞的李孝光和禮部尚書泰不花，因見王冕乃不可多得的賢才多次要舉薦王冕，均被王冕婉言謝絕。

藝術加工不能胡編濫造違背常識

　　早年欲入金門而不得，及長遊弋於官宦門庭而淡然處之，放棄仕途潛心學畫。那麼問題又來了：如果他不是在湖邊放牛自悟的那他到底是怎麼學畫的呢？太多歷史細節現今已無從考證，但是有兩點是可以肯定的。其一，王冕師法宋代畫梅大家楊無咎。其二，王冕曾得到當世最著名的畫家、書法家、被尊為「元人冠冕」的趙孟頫指點。

　　對照北京故宮博物院、天津博物館所藏楊無咎的〈雪梅圖〉、〈四梅花圖〉、〈墨梅圖頁〉等作品，我們今天依然可以從王冕墨梅的畫作上看到楊無咎的畫梅技法，比如烘托法和圈花法。楊無咎是墨梅畫法的創始人，王冕在前人的基礎上廣泛嘗試，極大豐富了梅花畫法，其中最重要的有兩點：一是直接用胭脂色點垛，創造出「沒骨體」技法；二是以枝多花繁為一大特色，千絲萬簇，別開生面。據《趙孟頫年譜》、《大觀錄》以及王冕自己的詩文〈松雪畫馬圖〉、〈題趙松雪關北小景圖〉等有關文獻推斷可知，王冕不只一次與趙孟頫會面、交流、得其畫作。元代文人畫宗師、「元四家」之首黃公望曾經在趙孟頫〈古木幽禽圖〉上題跋說，三十幾年前曾看見趙孟頫作「幽禽竹石」送給王冕（這同時說明王

冕和黃公望都是有交集的）。[1]縱觀王冕的藝術創作，明顯可
見他深受趙孟頫有關「書畫同源」、「書畫一律」理論的影
響，其晚年詩文裡也經常提到趙孟頫。趙孟頫在送給王冕的
另一幅畫作〈蘭蕙圖〉上明確說：「王元章，吾通家子也。」
這件趙孟頫手卷於 2000 年 5 月由香港蘇富比以 1379.4 萬
港幣拍出。[2]

　　黃公望和趙孟頫這兩段話太令人震驚了！趙孟頫是什麼
出身？宋太祖趙匡胤十一世孫，而趙孟頫宣稱他家和王冕兩
家是世交！呵呵，窮苦放牛娃就是這麼「逆襲」的？真相只
有一個，王冕出身並非窮苦放牛娃。王冕的真實身分和家庭
狀況是怎樣的呢？王冕祖上是關西人，其九世祖王德元是抗
金名將，曾任清遠軍節度使，聲名顯赫，死後追贈太師威定
公。王德元第八子也就是王冕八世祖由關西遷居諸暨，為諸
軍統制教練使。由於蒙元南侵宋王室衰微等原因，王冕的祖
父才隱居鄉里，且善於積累經營，雖操持農業卻絕非窮苦人

1　參見謝成林〈黃公望生平事蹟考〉，載《美術研究》1986 年第 3 期。
2　據《美術報》2010 年 3 月 6 日〈「億元時代」為什麼從中國古代書畫
　　開始？〉（作者劉曉丹），及新浪財經 2004 年 8 月 31 日〈元代趙孟
　　頫作蘭蕙圖〉一文，另此〈蘭蕙圖〉著錄於清宮《石渠寶笈》。關於
　　王冕的生卒時間、與趙孟頫交往事蹟乃至〈蘭蕙圖〉的真偽，目前還
　　有不同說法，如《中國美術報》2019 年 1 月 8 日發表的〈辨書畫著
　　錄中趙孟頫的偽作〉一文認為〈蘭蕙圖〉係偽作。筆者的觀點是，目
　　前王冕生平尚有諸多未解之謎，據已有文獻資料暫持上文主張，且這
　　件事的真實性不影響本文整體觀點。

家，若按過去的家庭成分論，無疑是地主。而傳說故事裡的給人放牛，實則放的是自己家的牛。宋濂《王冕傳》說得很清楚，是「七八歲時，父命牧牛隴上」。

實際上，王冕交遊的對象還遠不只上面這幾位。有據可查的還包括監察御史申屠子迪、書畫家柯九思、吳中學人鄭元祐、文學家和書畫家楊維楨、大明開國元勳劉伯溫等，而且王冕和這些人都不是一般的交情。衰落的名門望族之後，出身中小地主家庭，衣食無憂，飽讀詩書，成年後與達官名士過從甚密——這才是真實的王冕，這才是王冕早年真實的生活狀況，這才能解釋他為什麼能成為元代著名的文人畫一代巨匠。

無論是〈王冕學畫〉還是〈神筆馬良〉，作為廣為流傳的少兒勵志故事，我們無意否認其宣導「勤學苦練」的德育思想及其生動活潑的敘事技巧，但是兩者都忽視了中國傳統藝術的客觀規律，有可能使讀者對中國畫產生誤解。中國書畫藝術是我們傳統文化的瑰寶，是民族精神的重要寄託，如果孩子從小就對中國書畫產生錯誤的理解和認知，在兒童啟蒙上的影響可能是負面且深遠的。特別是關於王冕的故事，遠遠脫離了歷史真實。儘管文學創作可以進行藝術加工，但是涉及真實歷史人物和事物發展客觀規律的情節不能胡編濫造、違背常識。

半世逍遙，半世顛

——〈匡廬圖〉與唐伯虎

唐寅（1470～1524），字伯虎，後改字子畏，
號六如居士、桃花庵主、魯國唐生、逃禪仙吏等，
明代畫家、書法家、詩人。

2019 年 10 日，我到首都博物館參觀「江山如畫
── 12-20 世紀中國山水畫藝術展」。展中所見唐寅的一幅
畫嚇了我一跳，名叫〈匡廬圖〉。一般印象裡唐寅的畫作都
非常「小清新」，比如他擅長畫花鳥、仕女不必多說，其山
水畫則多以文人雅士幽居獨行為描摹中心，峻美秀麗、清朗
明快。然而這幅〈匡廬圖〉無論從視效看還是分析其內容，
都顯得非常「暗黑」，給人一種黑黢黢、冷森森的感覺。當
我靜靜地和它對視，瞬間就仿佛有一陣冷風從陰鬱的山谷中
迎面襲來，禁不住打個寒顫。唐寅在落款處題詩說：「匡廬
山前三峽橋，懸流濺撲魚龍跳。贏驂強策不肯度，古木慘澹
風蕭蕭。」「慘澹」二字已經把畫家當時的心情說得再明確
不過了。這位風流才子是在什麼樣的情境下描摹了這樣一番
景象呢？

先得後失，可嘆

唐寅，字伯虎，又字子畏，號六如居士等，明代著名畫
家、文學家，「吳門四家」之一，「吳中四才子」之一。民間
故事和文學、影視作品裡的唐伯虎風流倜儻、快意人生，很
多傳為佳話的段子家喻戶曉。實際上他真實的人生是怎樣
的呢？

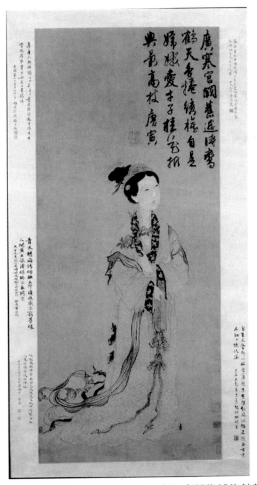

明唐寅〈嫦娥執桂圖〉軸，美國大都會藝術博物館藏

　　唐寅在自己書畫作品上落款時，有寫「吳門唐寅」、「吳郡唐寅」，還有一方「吳趨」朱文圓印，但更多見的是署名「晉昌唐寅」。「吳門」、「吳郡」、「吳趨」都是指唐寅出生、

成長之地蘇州府吳縣，晉昌則是古郡名，在今甘肅省瓜州縣一帶，前涼時期屬於涼州管轄，唐寅祖籍就在那裡。他的遠祖可以追溯到北朝前涼之陵江將軍唐輝，唐輝遷居晉昌，其後嗣曾任晉昌太守，獲封「晉昌公」，所以唐氏家族多以晉昌為籍貫。明時唐家早已敗落，唐寅的父親唐廣德在蘇州皋橋的鬧市區開了一家小酒館，生意還算可以，但是小商販在當時社會地位很低，他更希望兒子能好好讀書，有朝一日出人頭地、光宗耀祖。

青少年時期的唐寅可以說生活優越、衣食無憂，他也沒有辜負父親的期望，在 16 歲時參加院試，考試考了個秀才第一名，一時間在吳中聲名鵲起。本來就叛逆桀驁的唐寅此時不免恃才傲物、縱情遊樂，竟把讀書的事拋在了腦後。父母大概覺得這孩子得收收心了，於是在唐寅 19 歲時家裡給他娶了媳婦。婚後唐寅也沒什麼生活壓力，每天大概就是做著讀書、遊玩、吟詩、作畫這些事情。日子就這樣一天天平靜過去了，直到五六年後父親唐廣德突然病逝，更讓他難以接受的是母親丘氏、妻子徐氏、出嫁不久的妹妹也隨後相繼死去。自打出生以來一路順風順水的唐寅被這突如其來的一系列打擊弄懵了。

在接下來幾年中，唐寅得到文林、文徵明父子和好友祝允明等人的鼓勵和幫助，最終重新振作起來。明孝宗弘治十一年（1498）八月，29 歲的唐寅在鄉試中又考得舉人第

一名，高中解元。可沒想到的是，命運的打擊沒有到此結束。當年天冬，重出江湖、出師大捷的唐寅進京趕考，從沒考過第二的唐寅信心滿滿、志在必得。與唐寅同行的還有一個人，明代著名「驢友」徐霞客的高祖——江陰巨富徐經。可以說，徐經的出現，改變了唐寅一生的走向。原來，到了京城後，徐經馬不停蹄地拜訪了主考官兼禮部右侍郎、翰林學士程敏政和禮部尚書李東陽等多位主管考試和選吏的官員。作為同伴好友，唐寅也非常自然地跟著走了一圈。

或許唐寅成竹在胸，沒有意識到事情會有多麼嚴重；或許他覺得反正多結識權貴也有好處，只是順勢而為罷了。他內心到底怎麼想的我們今天不得而知，總之他沒有料到他的仕途之路從此就堵死了，他的人生在這裡就開始轉向了。會試還沒有結束，程敏政就遭到彈劾，稱其受賄並將試題洩露給徐經和唐寅。明孝宗下令徹查，甚至動用了錦衣衛，嚴刑拷打之下徐經招供賄賂之事，後來又在複審中推翻自己的供詞，說之前是屈打成招。程敏政到底有沒有收受賄賂為他們倆洩露考題，我們今天也無從考證，但當時官方的處理結果就是徐經、唐寅被「黜充吏役」，發往浙江任小吏。唐寅則恥於赴任，返回故鄉。

回到蘇州的唐寅一下子什麼都沒有了，不僅遭人唾棄鄙夷，而且續娶的妻子也和他反目。於是他離家出走，開始遠遊，足跡遍布江蘇、江西、湖南、福建、浙江、安徽等

地。再次歸來後，續妻已經把他所剩無幾的家產變賣一空一走了之。唐寅遷居不遠處的桃花庵，就這樣一個人安靜地走完了自己的餘生。他在〈和沈周落花詩〉中說：「刹那斷送十分春，富貴園林一洗貧。借問牧童應沒酒，試嘗梅子又生仁。」嘉靖二年（1523）冬，唐寅在家中病逝，享年54歲。在那之前他就預知了自己的去日，留下一首絕命詩：「生在陽間有散場，死歸地府也何妨？陽間地府俱相似，只當漂流在異鄉。」實際上，那個在生前嫌棄他的故鄉，又何嘗不是異鄉？

明唐寅〈和沈周落花詩〉卷，遼寧省藏博物館藏

死裡逃生，後怕

這就是所謂風流才子唐伯虎的一生，沒有「三笑」，沒有秋香。就在周星馳主演的香港電影《唐伯虎點秋香》的開頭，有這樣一個橋段：寧王要招攬人才，派人到唐府請唐伯虎，唐伯虎聽說寧王要謀反，裝病不去……電影裡這段故事

其實的確是有歷史依據可循的。

明武宗正德七年（1512），盤踞江西的寧王朱宸濠搜羅天下賢士，向唐寅、文徵明等人拋來橄欖枝。然而與影片情節不同的是，稱病未應的是文徵明，唐寅則前往江西豫章，成為寧王座上賓。在當時，達官顯貴與文人雅士之間多有交往，這是一種普遍現象。唐寅此行或許只是單純的應酬之舉，或許對仕途還抱有最後的幻想，但無論怎樣他事先都不太可能像電影裡那樣了解寧王的真正動機。半年後，唐寅發現了寧王謀反的跡象，知道情況不妙，直接走肯定是走不掉了，怎麼辦？裝瘋！寧王以為他真的瘋了，就把他打發掉了。

唐寅的〈匡廬圖〉就是作於這個時候。逃命的路上，驚魂未定的唐伯虎在貴池梅龍鎮一個朋友家創作了這幅畫，透露了心中難以排解的苦悶和落寞。此時的廬山，當然只有山石冷峻，草木凋零。

明唐寅〈匡廬圖〉軸，安徽博物院藏

　　〈匡廬圖〉又名〈廬山圖〉或〈廬山三峽橋〉，為全景山水，描繪的是廬山三峽橋（又稱觀音橋）一帶的景觀。同樣是峰岩古木、山泉瀑布這些可以表現「林泉高致」的山水畫常見題材，在這裡卻透射著蕭索、陰鬱和沉重。〈匡廬圖〉採用山水畫慣常構圖模式，近景為岩石古樹，枯枝敗葉；中

景為雲霧泉瀑布和小橋，一老者駕驢而過，童子尾後；遠景為一座陡峰聳立雲霄。然而，中國山水畫向來講「景深」，就是說人可以走進去，走進畫卷深處，可這幅畫中儘管有橋，卻感覺巨岩擋路，老者並無他路可走，且遠景的陡峰類似「開門見山」，擋在眼前，高不可攀。

這幅畫還有一點和多數名畫不同，就是畫面上沒有收藏印章。500 多年間它是如何流轉保存的至今是個謎。坊間傳說，當年唐寅把這幅畫送給了徽州的友人，由於徽州地角閉塞，交通不便，畫作竟至長期沒有外流，後來這幅畫被收購廢品的師傅以幾元錢的價格從一位老人手中收購，又以幾十元的價格賣到文物商店。據安徽博物院記錄，〈匡廬圖〉是 1964 年在安徽省休寧縣出現，後被屯溪文物商店收購，1966 年，撥交給當時的安徽省博物館收藏。入藏後半世紀以來，只展出過有限幾次。這幅畫原名〈唐伯虎山水畫軸〉，〈匡廬圖〉的名字是啟功先生 1987 年改的。

大明正德十四年（1519），寧王朱宸濠果然起兵。他藉口明武宗荒淫無道，殺江西巡撫孫燧、江西按察副使許逵，建立小朝廷，併發檄各地號召討伐武宗。同時發兵十萬順江東下，略九江、破南康，出江西、攻安慶，劍指南京。這就是明朝歷史上著名的寧王之亂，一時間大明政權岌岌可危。然而，朱宸濠做夢也沒有沒想到，他真正的對手不是明武宗朱厚照，而是中國五百年出一個的文武全才一代宗師王陽

明，當時離他最近的地方政權領導者南贛巡撫王陽明只用了不到十天時間就把他生擒活捉了。

寧王之亂被迅速平定，朱宸濠人頭落地。可是，唐伯虎的豫章之行卻成了他繼科場作弊案之後人生又一個「污點」。

桃花庵外，出神

稀裡糊塗就攤上事了，說起來唐寅這兩個所謂的人生「污點」都有點不明不白的感覺。人生在世，大抵許多事情都是這樣，說不清楚。唐寅死後四五百年，關於他的一些身後事還是模模糊糊，比如他的蘇州桃花塢舊居。他在桃花庵畫了很多畫，寫了很多詩，當我造訪桃花庵的時候，所見景象卻是一言難盡。

「當日地陷東南，這東南一隅有處曰姑蘇，有城曰閶門者，最是紅塵中一二等富貴風流之地。這閶門外有個十里街⋯⋯」2010 年秋，我去蘇州我就住在《紅樓夢》開篇這個故事提到的「十里街」的閶門外，「十里街」即今蘇州之七裡山塘。從閶門進去，步行幾分鐘的路程就走到了中街路，左轉再有幾分鐘的路程過了桃花橋，就是桃花塢大街。在路口打聽唐寅故居的路怎麼走，都說七拐八拐的沒法講，於是進去邊走邊找。果然是七拐八拐，常常感覺走到了胡同盡頭，到了跟前轉身一看竟又是一條悠長的巷子。路上還看到了門前有井、井中打水洗漱擣衣的江南民俗景象，幾乎家

家門廊牆頭都養著花，一派藝術生活化、生活藝術化的風土氣息。

　　邊走邊尋思著，前面一個路邊小早市，攔住了去路。正要繞到地攤後面過去，卻發現不遠處路邊水塘的那一岸房子的山牆上掛著一塊牌匾，仔細辨識，竟是「唐寅故居遺址」幾個字。剛才沒有在意的那個水塘，不想就是那著名的雙荷花池。迫不及待地穿橋而過，拐進一個院子門前，是一個狹小逼仄的民宅院子，廊棚下還有一個大姐蹲在門前洗衣服。我以為走錯了，退出來又發現沒有別的路可走，便又走上前去，小心翼翼地問：「敢問大姐，這裡可是唐寅故居？」大姐不經意地朝我這邊看了一眼說：「是。」我問可否參觀一下。她說：「可以。」於是我向前邁了一步半，算是進了院子。這是一個狹小得不能在狹小的四合院，中間二三十平的空地上堆著破舊的椅子、箱子等雜物，一人多高的頭頂是交織在一起的若干電線、晾衣繩，四周一圈是門和窗子。

　　當我確定別無他物之後，正要帶著遺憾、狐疑與不解離開，一位滿頭銀髮的老太太走了進來，看到我一邊往裡走一邊說：「什麼都沒有，沒什麼可看的。」於是，我和這個老太太攀談起來。原來，這個狹小得不能在狹小的院子竟然住著十多戶人家，並且大部分是轉租了再轉租的，像她這樣始終住在這裡的老房主幾乎沒有了。老人說他們也不想在這裡住，想搬走，可是沒有人給他們房子或者經濟補償。我當時

很奇怪唐寅這樣一位偉大的藝術家的故居遺址，為什麼得不到有關部門不重視。老人說：「蘇州的名人、古跡太多了，政府管不過來喲！」她還不無遺憾地約略給我講了唐寅的人生履歷，告訴我說，唐寅其實很窮很落魄，也沒有什麼秋香，歲數不大就死了。這些自然是我先前就知道的，但還是默默地聽著。

老人快 90 歲了，在這裡住了 50 多年，無錫人氏。

告別老人，走出院子。行至荷花池畔小橋，回首處，幾間殘舊的瓦房，只是那飛簷、雕花似乎依稀記得當年的桃花開處的風流與繁華。「桃花塢裡桃花庵，桃花庵裡桃花仙。」桃花塢——多麼浪漫而動聽的名字啊，不管如何落魄和困窘，他都覺得自己就是桃花庵裡神仙。這不是萬般無奈之下的自我麻醉，而是歷盡劫難之後的省悟。他說「世人笑我太瘋癲，我笑他人看不穿」，我信。

整整十年之後，2020 年，我在網上看到新聞消息說，當地政府終於把桃花塢文化片區的改造提上了日程，90 多戶居民將搬到新家。只是，當年那位老人不知是否還健在。這故居的坎坷命運，像極了唐伯虎的人生。等片區改造完畢重新開放的那一天，我想再去看看。

汝心中有十萬大山

——〈贛州家書〉與王陽明

王守仁（1472～1529），幼名雲，字伯安，別號陽明。

浙江紹興府余姚縣（今屬寧波余姚）人，

自號陽明子，被稱之為陽明先生，亦稱王陽明。

明代著名的思想家、文學家、哲學家和軍事家，

陸王心學之集大成者。

西元 1472 年，王陽明出生在浙江余姚。傳說他出生前，他的奶奶做了一個夢，夢見仙人雲中送子，醒來時王陽明就出生了。王陽明五歲才會講話，但出口即成章，被鄰里驚為天人。其實原因很簡單，王陽明的爺爺人稱「竹軒先生」，以教書講學為業，所以王陽明幾乎每天都能聽到爺爺給學生們講經說史，日久天長自己也就記住了。爺爺晨讀時念誦：「大學之道……」他就會在一旁接：「在明明德，在親民，在止於至善……」在這樣的家庭氛圍中，王陽明養成了愛讀書的好習慣。他還不是讀死書的孩子，少年王陽明非常頑皮，詩詞文章之外他還愛好舞槍弄棒，研究了很多兵家秘笈，甚至還曾翹課曠課去遊長城、憑弔古戰場。成年後，王陽明果然文武皆能，成為天下無雙的奇才。

筆下鳳翥龍蟠

明正德十三年（1518），南贛汀漳巡撫給他遠在家鄉的父親寫了一封信。信中首先表達了對父親及家人的惦念：「問候父親大人，很久沒有收到您的信，心中十分掛念。之前碰巧有老鄉到我這邊，我跟人家打聽家中消息，聽說祖母和您一切都好，算是稍稍寬慰了些。」然後把工作上的事情跟父親彙報了一下：「兒子用了三個多月時間剿賊，剛回來，仰仗您的庇祐，基本都搞定了，雖然還有百十殘黨，但都勢窮力屈，最後也服了，我已經安撫並收編了他們。可恨

的是，兩廣府江等地還有三股苗賊，現在還很倡狂，如果有關方面無力制服，勢必侵擾我南贛之地，這還是很令人擔憂的……」接著向父親表達了「乞休歸養」之意，因為當時自己在深山剿賊時感染了瘴毒瘡癘等病症。最後他說：「我此刻是借著倉場官員值夜班的方便條件，在油燈下給你寫信，那就先說這些吧，謹向家裡報個平安！」

這位寫信的巡撫就是明代大思想家、哲學家、軍事家、政治家、教育家、文學家、書法家王陽明，而這封信今天就保存在王陽明的老家浙江余姚博物館，稱為〈自贛州上海日翁書〉（手札）。2019 年 10 月，我在首都博物館「穿越——浙江歷史文化展」上見到了這件珍貴的家書墨跡。明武宗正德十三年（1518）正月，47 歲的王陽明提刀上馬，指揮軍隊先後搗毀賊寇巢穴 38 個，擒斬賊首 58 人、從賊 2000 餘人，並最終設伏擊潰了逃竄到橫亙數百里、四面陡絕的九連山中的餘黨，安撫投降頭目 200 餘名，還根據地理情況立縣置隘、留兵防守。家書中所述的正是這一時期的事宜。可以說，這封家書淋漓盡致地體現了儒家「忠孝仁義」的核心價值觀。為國平亂是「忠」，心繫長輩是「孝」，安撫降兵是「仁」，事事處理恰當得體是「義」。

明王陽明〈自贛州上海日翁書〉手札，安徽博物院藏

　　明中後期著名文學家、書畫家徐渭稱讚王陽明書法說：「古人論右軍（王羲之）以書掩其人，新建先生（王陽明）乃不然，以人掩其書。觀其墨跡，非不翩翩然鳳翥而龍蟠也，使其人少亞於書，則書已傳矣。」意思是說王陽明本人的名聲之大掩蓋了他的書法造詣，但凡名氣略小一點，他的書法都會受到世人極大的追捧傳布。事實的確如此，王陽明的書法初學顏柳，講究行筆沉著穩健，結體端莊秀勁。隨著「心學」思想體系的逐步確立，他「知行合一」的主張對自身書法修為也產生極大影響。他說：「吾始學書，對模古帖，止得字形，後舉筆不輕落紙，凝思靜慮，疑形於心，久之始通其法。既後讀明道先生曰：『吾作字甚敬，非是要字好，只此是學。』既非要字好，又何學也？乃知古人隨時事只在心上學，此心精明，字好亦在其中矣。」此後，他的書

法創作愈加揮灑自如、隨心所欲，師古而不泥古，被同時代的書家朱長春譽為「遒勁沖逸，韻氣超然塵表，如宿世仙人，生具靈氣，故其韻高冥合，非假學也。」

馬上破賊平亂

說這話的時候，王陽明已經在贛待了一年多了。正德十一年（1516）九月的時候，朝廷授王陽明為督察院左僉都御史，巡撫南、贛、汀、漳等地。王陽明所生活的時代，正值明代中葉，明王朝已經開始進入了動盪、衰敗的後期，社會矛盾紛紛暴露，各地動亂非常嚴重。南贛汀漳地區當時賊寇橫行，百姓深受其害。此地被崇山峻嶺包圍，也被稱為「十萬大山」。當王陽明作為最高軍政長官來到南贛時，治下多處地盤被「山大王」控制。王陽明未到任之前，南贛汀漳巡撫已連換幾任，都無所作為，山賊聚結守險，搶劫商賈，對抗官府，規模越鬧越大，僅南安府城就數次被攻破，甚至有官吏被殺，局勢常處於失控狀態，一時間人心惶惶，竟無人敢到那裡當巡撫。王陽明的前任就稱病不敢就職，朝廷又不能放棄不管，所以王陽明受命於危難之際。

王陽明剿匪告捷第二年，也就是正德十四年（1519），盤踞南昌的寧王朱宸濠起兵十萬，公然向朝廷宣戰，揚言當時的明武宗朱厚照並非皇子，自己要取而代之，他殺死江西巡撫孫燧，建立了自己的「朝廷」，並揮師明都南京。江西

汝心中有十萬大山——〈贛州家書〉與王陽明

南部的南贛汀漳巡撫王陽明得知朱宸濠叛亂的消息後，第一時間制定了周密的勤王平叛計畫，並集結軍隊圍剿朱宸濠。當時剛打完仗沒多久的王陽明手裡並無精兵良將，除了老弱殘兵就是收編的山頭武裝分子，加在一起不到兩萬人，但他卻僅用四十多天就平定了這場蓄謀已久、來勢洶湧的叛亂，從發兵到生擒朱宸濠不過十天，王陽明以身示範給大明君臣上了一堂生動的軍事課。

贛州是王陽明一系列理論的實踐地，贛州歲月是王陽明心學的定性期，他的許多著名言論都是出於贛州自此時此地。從正德十二年（1517）正月至南贛到正德十六年（1521）九月離任，王陽明在這裡工作和生活不過四個年頭，可這四年卻是王陽明人生中的高光時刻。

就是在正德十三年正月開始的那場戰役開始前，王陽明寫信給弟子薛侃說：「即日已抵龍南，明日入巢，四路兵皆已如期並進，賊有必破之勢。某向在橫水，嘗寄書（楊）仕德（即楊驥）云：『破山中賊易，破心中賊難。』區區剪除鼠竊，何足為異。若諸賢掃蕩心腹之寇，以收廓清之功，此誠大丈夫不世之偉績。」平息匪患和叛亂之後，王陽明思考的是贛州長久的政治和經濟繁榮。所謂「破山中賊易，破心中賊難」，言下之意就是，攻破這山中的賊匪容易，清楚賊匪內心的私欲難。山賊草寇原本也是普通百姓，其中大部分人起來鬧事要麼是被脅迫，要麼是心生邪念。邪念來自私

欲，人人都有私欲，「有良知則為民，內心失良知則為賊」。良知可以克服私欲，那麼良知在哪裡呢？教化。於是王陽明在贛南區域廣興書院，多辦社學，以便教化民風。

　　實際上，寧王之亂，本不關王陽明的事，南昌在江西北部，不在王陽明的南、贛、汀、漳轄區內。所謂「南贛汀漳」指的是江西南安、贛州，福建汀州、漳州，實際轄區還包括廣東南雄、韶州、惠州、潮州各府及湖廣郴州等地。南安和贛州都屬於江西南部。南昌所在的江西中北部地方歸江西巡撫管，所以朱宸濠在南昌起兵先殺了江西巡撫孫燧。王陽明當時他正奉命戡處福建叛軍北上途經豐城縣境，聽聞南昌城有變，出於儒家以天下為己任的信仰和本心的良知，收拾起了這個爛攤子。本質上講，寧王之亂是封建統治集團內部的權力鬥爭，朱宸濠是明太祖朱元璋五世孫，當時很多官員持觀望態度，因為誰勝誰負還不一定。王陽明自然知道無論哪方輸贏，受苦的都是老百姓，只有迅速平息叛亂才能確保天下太平。於是這時只有他挺身而出，王陽明第一個公開宣稱「寧王謀反」，在敵我雙方實力懸殊的情況下取得了勝利。

吾心直抵良知

　　王陽明屢戰屢勝的重要法寶，其實是心學，他特別擅長打心理戰。他在剿匪時，給匪徒頭子寫信，匪首看完信後乖

乖繳械投降了；而他之所以能以少勝多活捉寧王，完全是參透了了對方的心理活動，布下連環套等著對方往裡鑽。據陽明弟子錢德洪追記：「德洪昔在師門，或問：『用兵有術否？』夫子曰：『用兵何術？但學問純篤，養得此心不動，乃術爾。』」陽明心學核心思想之一便是講「此心不動，隨機而動」，就是說，當我志氣已定，外在事物的變化我會感知到，但內心情緒不會因此產生波動，所以我能洞察到一切變化中的虛妄，並做出有效應對。

　　曾經有位弟子對王陽明說：「安靜的時候我思維縝密、思路清晰，可一遇到事情就亂了陣腳，為什麼？」王陽明回答說：「宋代蘇洵曾經說：『為將之道，當先治心。然後可以制利害，可以待敵。』真正打內心強大，真正的安定，安靜，不是靜坐能得到的。有一次我和叛軍朱宸濠對戰時處於劣勢，他命令身邊的人準備進攻的時候，那人無動於衷，他說了四次，那人才從茫然中回過神來。這種人就是平時修練不到位，一臨事，就慌亂失措。」王陽明認為，那些急中生智的人的智慧當然不是天外飛來的，而是平時修練的結果。如何修練呢？一方面要讀書思考，另一方面還要經歷事情。真正的安靜，需要經得起「泰山崩於前而色不變，麋鹿興於左而目不瞬」的考驗。無論是動還是靜都是磨練自己、追尋本心的過程。

　　在贛南，王陽明開始著手整理自己的思想理論。他興辦

學校、書院，刻印儒學經典，自己也聚徒講學，他的幾部重要著作包括《傳習錄》等，都成書並刊刻於贛州，他的心學精髓可以說也是成熟於贛州。

朱熹講「存天理」，他認為一切自然規律都永恆地在那裡。王陽明則主張心就是理，沒有心就沒有理。所以，心是宇宙的立法者，也是一切理的立法者。他說，「一念發動處即是行」，進而提出「知行合一」說，以反對朱熹的「知先行後」說。王陽明認為，「知」和「行」本來就是一回事，良知發動時的意念、情感、動機等都是「行」。這種以動機代替行動的理論，其實踐意義就是「破心中賊」，使人「無一毫人欲之私」，「不使那一念不善潛伏在胸中」以達到「禁其事」、「禁其言」、「禁其心」的目的。所以他才有了那句著名的「看花論」：「汝未看此花時，此花與汝同歸於寂。汝來看此花時，此花顏色一時明白過來，便知此花不在汝之心外。」這句話有著深刻的理論背景，以唯心主義簡單否定是不科學的，是犯了機械唯物主義的錯誤。事實上，王陽明的心學與西方哲學中的唯心主義完全是兩碼事。

王陽明在「心即理」和「知行合一」的基礎上，提出「致良知」，主張從整飭人心入手，透過內心的省察擴充善念克除惡念，從而抵達內心深處被遮蔽的「良知」，使內心達到澄明之境。這樣，人就不會發生與良知相違背的言論與行動。「致良知」的提出，象徵著「陽明心學」的正式形成。

　　在贛州給父親寫信兩年後，急流勇退主動請辭的王陽明如願回到家鄉余姚，在那裡專心講學。六年後王陽明又一次臨危受命，再度出山，一舉蕩平廣西之亂。不幸的是，就在凱旋途中，王陽明肺病發作，在江西境內的船上猝然離世，終年 57 歲。臨終之際，弟子問他有何遺言，他說：「此心光明，亦復何言！」

人間罕有的神跡

——〈觀音圖〉與金農

金農（1687～1763），字壽門、司農、吉金，
號冬心先生、稽留山民、曲江外史、昔耶居士等，
錢塘（今浙江杭州）人，自封「三朝老民」。
清代書畫家，揚州八怪之首。

　　2019 年秋,「回歸之路——新中國成立七十周年流失文物回歸成果展」在國家博物館開幕。我漫步在展廳裡,沉醉於不同時代的古拙、典雅與秀美之中,忽地被一件作品「撞」到,那就是清金農的〈觀音圖〉(軸)。之所以說被這幅畫「撞」到,是因為它所呈現的完全不是通常所見的中國畫畫風,而是帶上了在那個時代不可能出現的「現代主義」藝術色彩。這,這也太任性了吧,這也太穿越了吧!與這幅畫對視的那一瞬間甚至有些恍惚、有點發懵,這是古人的作品?這是中國古人的作品?那一刻我是凌亂的⋯⋯

清金農〈觀音圖〉軸,上海博物館藏

當然，金農的書畫風格向來奇譎怪異，常常給人耳目一新的感覺。他有時也會被自己作品嚇一跳，感嘆「恍如龍門山石刻圖像」。金農，眾所周知的名號是「揚州八怪」——之首；更專業一點的說法，他是中國古代文人畫定型的象徵性人物。什麼又是文人畫呢？中國繪畫史上，文人畫指宋元明清四朝文人士大夫所推崇並創作的業餘或半業餘繪畫，注重「意」的傳達和自我情感抒發，與職業畫派的院體相對，詩書畫合一是其定型重要特徵。在清代以前，如宋代蘇東坡、元代黃公望、明代沈周都是文人畫的大家。

說到這如果你以為金農本人是文人士大夫，那就錯了。金農一生無功名，和明代唐寅一樣，科舉一再失利，後來以賣畫為生。那麼布衣終生的金農又何以躋身文人士大夫為主體的文人畫一脈，並成為象徵性人物呢？

料峭春風吹酒醒，杭州只有金農好

金農的造詣首先和他曾經跟隨一位當世名師學習有密切關係。提到金農，許多人都知道他那句名言——「恥向書家作奴婢，華山片石是吾師」，因此以為他沒有老師。其實，金農在書法與繪畫上的確沒有正式拜過師，並無明確師承，但他在學問上是有老師的，而且還是清初一位泰山北斗級別的全國名師。這個老師名叫何焯，金農曾經寫詩讚頌賢師「宋元雕本積萬卷，夫子著書遊禁庭。近不得意但高臥，秋

風吹老古槐廳。」

何焯是清代著名學者、文史家、藏書家，同時在校勘、書法等領域皆有較高造詣，與笪重光、姜宸英、汪士鋐並稱為清初「帖學四大家」。曾被康熙指定為皇子、親王、郡王的老師。何焯通經史百家之學，宮內書籍大多由其校勘，甚至今天一些古代經典上仍然會出現何焯點校的字樣。前幾年在遼寧省博物館和河北博物院先後看到何焯的書法真跡，同一段時間裡，多次邂逅這個名字，實屬機緣巧合，也愈感親切，不免駐足時間略長。遼博「中國古代書法展第二期」（2018.12.20—2019.3.17）展出的是何焯〈楷書桃花源記軸〉，結體勻稱，一絲不苟；冀博「筆墨文心五百年——中國國家博物館藏明清書畫展」（2019.1.16—2019.3.24）展出的是何焯〈行書湖中寄王侍御詩軸〉，筆力勁健，布局舒朗。

自元朝末年起何家在蘇州一帶就是遠近聞名的義門，不僅重視自家子弟的教育，還收授平民學子，因而多次受到官方表彰。何焯敬仰家中父老的品行，決心承繼家族門風，自號義門，因此時人常稱其為「義門先生」。何焯一生輕財重義，經常接濟貧困的親戚朋友，對有才學而家境貧窮的學生則供其食宿，前後多達四百之眾。何焯是在六次應考不中的情況下，41 歲時被直隸巡撫李光地推薦給康熙，在南書房伴讀。後來被康熙任命為第八皇子的老師，兼皇家修書所武

英殿纂修。他曾奉旨校訂《四書集注》。《四書集注》是南宋思想家、教育家朱熹的著作，也是明清兩代欽定的教科書、歷次科舉考試的大綱。在科舉的道路上奮戰多年屢試不中的何焯，成了考試大綱的審校者。康熙對他的工作成果讚不絕口，並將新謄的《四書集注》刻版收藏。

正是何焯的學養和造詣啟迪了金農，使其漸漸成為詩書畫「三棲」的全才。有這樣一位名師指點，為什麼金農沒取得功名呢？金農早年沒能透過科舉走上仕途，在很大程度上是因為受了老師和同門師兄八皇子胤禩的政治牽連。

胤禩，就是四皇子胤禛繼帝位後因避諱而改名的允禩。看過《雍正王朝》、《宮鎖心玉》、《步步驚心》等電視劇的朋友，不會對這個名字感到陌生。九子奪嫡，驚心動魄。康熙五十四年正月二十九，紫禁城裡春節的氣氛還沒有散盡，一道諭旨宣告了胤禩的命運：「皇八子貝勒胤禩行止卑污，著停發其俸銀、俸米及屬下護衛官員俸銀、俸米。執事人等銀米，俱著停止。」學生「行止卑污」，老師怎能脫了干係？何焯在當年冬天被下獄抄家，盡繳其書，「齎硯齋」遭遇大劫難。然而辦案人員在查抄的檔資料中未見任何犯上之語，相反卻發現了何焯退還吳縣知縣贈送金錢的信稿，這令康熙怒氣大消。加之何焯自撰〈申辯書〉，字跡工整，筆劃端正，事實清楚，辭嚴義正，康熙思忖再三，下令釋放何焯，返還其書籍，免其官職，但鑑於其清廉，仍留在武英殿工作。

　　康熙六十一年六月何焯病逝，終年 61 歲，康熙聞之悲痛不已。據《清史稿》：「帝深悼惜，特贈侍講學士。贈金，給符傳歸喪，命有司存恤其孤。」僅僅五個月後清聖祖駕崩，胤禛繼位。窮經皓首的大學問家沒能長命百歲，六旬而終是何焯的不幸，然而他緊趕慢趕死在了康熙的前面，又是他人生最後時刻的幸運。雍正三年臘月，何焯的愛徒允禵被拘禁，雍正四年三月被廢為庶人並勒令改名阿其那，九月初八死於監所。

　　何焯被下獄抄家不久，30 歲的金農取「寂寥抱冬心」得詩意，自號「冬心先生」——人間有一顆心，涼了；天國有一個靈魂，醒了。四年後，生於杭州雲遊湖湘的金農回到江南揚州，並定居在那裡，「揚州八怪」的領軍人悄然登上歷史的舞臺。後來金農在那一帶結識了一批志同道合的朋友，其中最值得一提的就是鄭板橋。兩人一見如故，鄭板橋曾不能自已地說：「杭州只有金農好！」——老鄭這麼有文化的人在激動的時候也表達地如此直白。他們喜歡一起喝酒，一起遊玩，一起探討人生和藝術。

恥向書家作奴婢，華山片石是吾師

　　金農去蘇州拜何焯為師的時候，二十一歲。當時已經身為翰林院戌起士的何焯，因父親病故正丁憂在家。丁憂是中國古代的一種儒家孝道禮儀制度，指朝廷官員在位期間如遇父母去世，則必須辭官還鄉，為父母守孝二十七個月，期滿

回朝。那一時期，金農在何焯的「齋硯齋」接觸碑版之學，收穫甚豐，為他此後走上碑學之路奠定了基礎。

在學問上金農受教於何焯，在書法上金農卻與被尊為帖學大家的老師分道揚鑣，隨著自己人生體悟越來越深，他慢慢轉向了碑學。

在描述清代尤其是清代後期的書法發展史時，「帖學」與「碑學」是使用頻率非常高的兩個概念，最早提出這一對概念的是政治家、思想家、教育家也是書法家的康有為。簡單說，帖學」是指對〈淳化閣帖〉中二王的帖派書法的技法和美學原則進行傳承、借鑑和發展的知識體系，而「碑學」是指對魏晉北朝的碑派書法進行傳承和借鑑的知識體系。那什麼又是帖派和碑派呢？帖派是東晉南朝以至隋唐時期，以紙為書寫材料，以王羲之、王獻之父子的書法墨跡為取法對象的書法流派，而碑派是指魏晉北朝以至隋唐時期，以碑石為書寫、銘刻材料的書法流派。簡單粗暴地從形式上說，帖學依託紙帛，形成了「書卷氣」；碑學源自刻石，營造出「金石氣」。

金農不只是轉向了碑學，他更是清代宣導碑學的先行者、拓路人。他在中國書法史上率先舉起碑學大旗，公然反叛正統文人書風，走出極具個性的藝術之路。他用筆方扁如刷，且墨濃如漆，故人們稱之為「漆書」。碑學的興起改寫了中國書法史，碑帖之辯至今仍是書學研究的重要課題。冀博「筆墨文心五百年」書畫展中，可見金農〈隸書周日章傳

軸〉，而我在遼博看何焯〈楷書桃花源記軸〉時，金農〈隸
書相鶴經冊〉就陳列在對面。

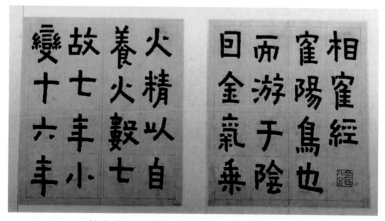

清金農〈相鶴經冊〉冊，遼寧省博物館藏

清金農的隸書〈周日章傳軸〉，國家博物館藏

國家博物館藏金農的隸書〈周日章傳軸〉書於雍正八年，節錄南宋洪邁〈容齋隨筆〉篇章，記述隱者周日章品行高潔不受縣尉饋贈的軼事。金農偏愛《相鶴經》，曾不止一次書寫。遼博藏金農〈隸書相鶴經冊〉書於乾隆六年；北京故宮博物院還藏有金農〈漆書相鶴經軸〉，書於乾隆十七年。如果說前者長於沉著之力道，那麼後者則已見幾許靈動和幾分飄逸。《相鶴經》又名《幽經》，原初作者不詳，傳為神仙所作。後世王安石、周履靖等人都曾集撰。鶴在古代被視為神鳥，經文講的是仙鶴在金火相交中不斷蛻變，吐故納新，歷經千載，而後朱頂黑睛、翔於霄漢。無論是隱者周日章還是神鳥仙鶴，顯然都是金農在哀而未傷的惆悵中的自勉與自喻。

學歷和文憑，對於凡夫俗子來說或許是敲門磚，但對於曠世奇才來說，只是羈絆罷了。狂言「恥向書家作奴婢，華山片石是吾師」的金農，早已超脫凡俗，千古獨立。

何焯下獄事件，無論是客觀上的影響，還是主觀上的挫傷，都讓金農入世之心漸淡。乾隆元年，年近五旬的金農以布衣身分被舉薦，應「博學鴻詞科」之試，未果。此後的金農徹底省悟，放棄科舉，周遊四方，而且他做了一個重大的決定：開始學畫。讀萬卷書、行萬里路的金農，一手翰墨一手丹青，終成一代名家，列「揚州八怪」之首。梅花、佛像都是他反覆描摹的題材。金農晚年畫作創意大膽、現代，像這兩幅畫的風格，如果你說是 21 世紀的繪本插畫也沒問題。畫家的漫天想

像和揮灑自如使作品充滿了童趣，展現出非凡的創造力。

更加耐人尋味的是，在以〈觀音圖〉和〈月華圖〉為代表的金農晚年畫作中，我竟然隱約感受到了歐洲文藝復興的氣息。實際上當我們對讀東西方繪畫史會發現，在金農時代的歐洲，文藝復興的浪潮的確仍未消退。文藝復興晚期繪畫藝術的傑出代表林布蘭（Rembrandt）去世後十八年，金農出生。不知是歷史的巧合還是人性的共鳴，兩個人都是所謂獨立藝術家，特別看重自由，包括個體的自由與藝術的自由；兩個人都在自己的時代非常前衛地走上了藝術品商業化的道路，他們作為畫家的同時又是自己的經紀人；兩個人都賦予作品強烈的宗教色彩，林布蘭畫過很多聖經畫，金農則畫過大量佛教畫；金農和林布蘭一樣瘋狂地喜歡畫自畫像（當然一百多年後的梵谷亦是如此）。金農曾說：「自古以來很多畫家都擅長畫人像，但很少有人給自己畫寫真，我就這麼做。老友多年不見能不想我嗎？我就寄自畫像過去，他日重逢，杖履相接高吟攬勝，或許容貌衰老是免不了的，但山林氣象永遠不會改變。」[1]

1　金農在今藏於北京故宮博物院的七十三歲〈自畫像〉上題曰：「古來寫真⋯⋯未有自為寫真者。惟《雲笈七籤》所載：唐大中年間道士吳某引鏡濡毫，自寫其貌。餘因用水墨白描法，自為寫三朝老民七十三歲像。衣紋面相做一筆劃，陸探微，吾其師之。圖成，遠寄鄉之舊友丁鈍丁隱君。隱君不見餘近五載矣，能不思之乎？他日歸江上，與隱君杖履相接，高吟攬勝，驗吾衰容，尚不失山林氣象也。乾隆二十四年閏六月六日立秋日，金農記於廣陵僧舍之九節菖蒲憩館。」

半百之前專墨跡，五十之後務青丹

　　〈觀音圖〉就是非常典型的「金農造」，有一股濃濃的「童真」氣息和「後印象」色彩。這幅畫作於乾隆二十六年（1761），此時金農已經 75 歲。如果說金農五十歲時參透人生，獲得了肉身和精神的自由，那麼此時的金農則實現了靈魂的無拘無束、並生天地。他的筆下毫無羈絆、任性純然，如何下筆完全由自己的心決定。對於金農來說，甚至連擺脫傳統的束縛都談不上，因為他從來就沒在傳統之中。那五彩雲霞，那素白衣袂，一起飄忽、隱現。線描，破墨，潑彩，渲染，等等，這些傳統技法好像都有，又好像都沒有，若即若離，似是而非，最後呈現給我們的恰恰是大慈大悲的神韻，是對佛禪信仰的了悟。清代書畫理論家張庚在其《國朝畫徵錄》中評論金農繪畫作品時說：「非復塵世所見，蓋皆意為之。」意思是說金農的畫近乎人間罕有的神跡，這個觀點在當時真的並不算誇張。竊以為，金農的梵境神光與梵谷的夢幻星空、蒙克的吶喊天穹比起來也並不遜色。

　　這一時期，金農另一件風格類似的作品更能說明這一點，就是〈月華圖〉。全畫中只有一輪滿月懸於天際，位於畫面上三分之一分界線處，裡面是玉兔的身影，外緣放射出以赤橙為主色調的多彩光芒。這幅畫在技法上幾乎不見筆墨傳統，最多使用了渲染手法。金農的筆完全隨心所欲，月亮

內部的表現方式即像是對神話中玉兔的寫意，又像是對肉眼所見之月球的寫實。在以往的傳統繪畫作品中，月亮都是作為補景出現。像〈月華圖〉這樣將其作為主景而且是整個畫面唯一的景，並且以寫實的手法直接表現月光，可謂前無古人。整幅畫面呈現出來的感覺是朦朧、迷幻，我甚至聯想到文藝復興和基督文化，儘管它們之間確實沒有任何關係。

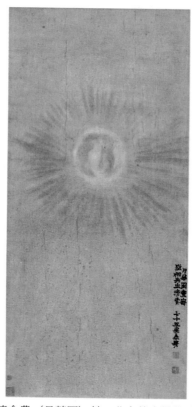

清金農〈月華圖〉軸，北京故宮博物院

和〈觀音圖〉不同的是，從題材上看〈月華圖〉並不是宗教畫，但是無可否認這幅畫同樣透射著的宗教味道，當然不是天主教、基督教，而是佛家禪宗。金農這種匪夷所思的表達方式其實都和禪宗美學有著極為密切的關係，這還要從他的一個號說起。金農遠不止「冬心先生」這一個號。他一生所用別號有三十多個，其中有幾個很特別，甚至很奇異，如心出家庵粥飯僧、如來最小之弟、金吉金、蘇伐羅吉蘇伐羅等。暈了，這都是哪跟哪啊？在佛家經典上梵文「蘇伐羅」即漢文「金」字，蘇伐羅吉蘇伐羅就是金吉金，那「金吉金」何解？蘇伐羅隱喻一個佛陀的世界，「吉」則代表凡人俗界。所以，「金吉金」就是亦佛亦俗、非佛非俗的意思了。

　　「心出家庵粥飯僧」也是同樣的涵義，出家是佛門，粥飯代俗家心繫佛門而身在俗家。這也正是「如來最小之弟「阿難」的狀態：「我是如來最小之弟，蒙佛慈愛，雖今出家，猶恃驕憐。所以多聞，未得無漏。」金農覺得自己和阿難一樣，在佛界與凡俗之間遊弋著，而這種「以心性為本，以無念為宗」的修練方式正式禪宗法門。無論是〈觀音圖〉中菩薩頭頂的「後印象太空」還是〈月華圖〉上的「超現實」月光，所要表達的大概都是禪者頓悟的瞬間——一切雜念均已消失，所餘只有審美的直覺。

　　在返璞歸真、渾然天成這樣的審美創設裡，童趣與禪心

是統一的，都具有天然、真純和神諭般的旨歸。這也是我們看到金農這類畫作產生梵谷、文藝復興這樣關聯性想像的原因。其實，在東西方各自的文化範疇內這種情況並不鮮見，如范仲淹在蘇東坡之前就寫了豪放詞「濁酒一杯家萬里／燕然未勒歸無計／羌管悠悠霜滿地／人不寐／將軍白髮征夫淚」；如早在現代主義之前，斯特恩（Laurence Sterne）就寫《項狄傳》了，手法便不是寫實主義的。然而，東西方跨文化這種隔了一百多年的共鳴很罕見，這個畫稍作處理你說是現代油畫也沒有違和感，金農這種畫法本身在中國畫傳統裡就是離經叛道的。某些藝術直覺、審美觀照可以穿越時空、跨越文化，這可能是源於人性中的普遍的、基本的構成吧。當普遍性超越了某一時期、某一地點的文化特殊性，超凡脫俗的偉大作品就誕生了。

在藝術界，大家普遍覺得當下的是對傳統的超越，現在看來這麼看問題似乎並不妥當。不客氣地說，有時候對傳統理解都成問題，你超越誰呢？金農可以說超越了前人，我們拿什麼超越金農？當然直接反過來也不成，這種簡單的比較太武斷了。這種「超越說」，大抵基於進化論思想，進化論對中國人影響太大了，很多領域的問題最後都歸結為「長江後浪推前浪」，事實好像並非如此。藝術本身是具體的、生動的、豐富的，我們不能一葉障目，也不能無視鮮活的個體與個性，看問題應該兼顧具體化和歷史化兩個角度。各種歸

納總結都是理論上的研究分析，而不能越俎代庖給人家下定論，創作和研究是兩碼事。所謂超越問題，十有八九是個偽命題。金農的突破與超越，使北宋以來崇神尚意的文人畫發展到了一個極致，當我們撞見金農，撞見的其實是一顆自由又有趣的靈魂。

電子書購買

爽讀 APP

國家圖書館出版品預行編目資料

真跡與風度，字畫裡的 21 個有趣靈魂：從文學到藝術，擺脫傳統嚴肅的文學解讀，重識中國古代文化名家 / 譜小語 著. -- 第一版. -- 臺北市：崧燁文化事業有限公司, 2023.11
面；　公分
POD 版
ISBN 978-626-357-722-0(平裝)
1.CST: 作家 2.CST: 傳記 3.CST: 中國
782.24　　112016020

真跡與風度，字畫裡的 21 個有趣靈魂：從文學到藝術，擺脫傳統嚴肅的文學解讀，重識中國古代文化名家

臉書

作　　　者：譜小語
責　　　編：林緻筠
發 行 人：黃振庭
出 版 者：崧燁文化事業有限公司
發 行 者：崧燁文化事業有限公司
E - m a i l：sonbookservice@gmail.com
粉 絲 頁：https://www.facebook.com/sonbookss/
網　　　址：https://sonbook.net/
地　　　址：台北市中正區重慶南路一段六十一號八樓 815 室
Rm. 815, 8F., No.61, Sec. 1, Chongqing S. Rd., Zhongzheng Dist., Taipei City 100, Taiwan
電　　　話：(02)2370-3310　傳　　　真：(02) 2388-1990
印　　　刷：京峯數位服務有限公司
律師顧問：廣華律師事務所 張珮琦律師

定　　　價：350 元
發行日期：2023 年 11 月第一版
◎本書以 POD 印製